臺北歷史地圖散步

典藏臺灣
digitalarchives.tw

封面繪圖／蚩尤
字型／日星鑄字行

目錄

躍進的城市

附錄

老照片 X 現在街景

讓書動起來！

身歷其境的動態導覽書

① App Store 下載
前往下載 Google Play

使用手機或平板電腦，在 App Store 或 Google Play 市集下載「臺北歷史地圖」APP。

② 使用 APP 中的拍攝條碼功能，掃描本書上的二維條碼。

③ 立即前往這個地點！

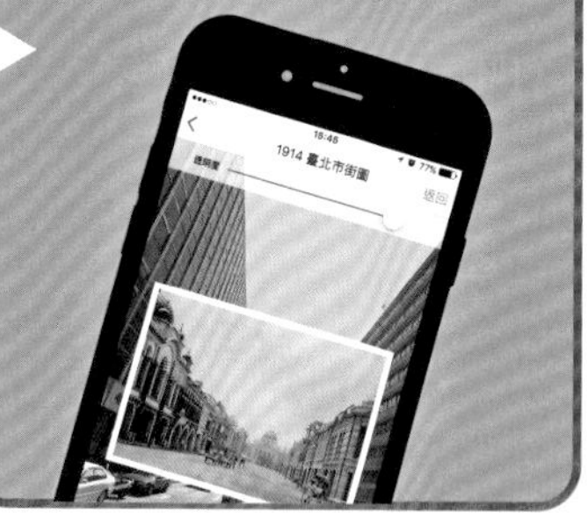

APP操作說明

古地圖選擇

使用古地圖選單，切換精選的十張地圖。

語言選擇

提供正體中文、英文與日文版本（Android平臺會根據系統語言自動選擇）。

關閉照片，詳閱地圖

點選關閉老照片圖層按鈕，只觀覽古地圖。

GPS現在位置

使用你手機中的GPS定位，將地圖標示至你的現在位置。

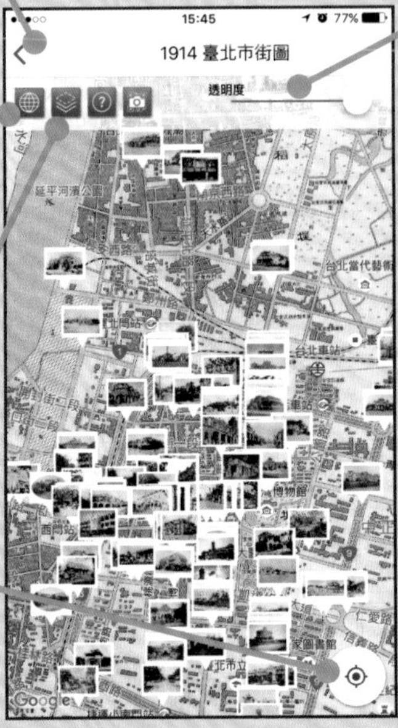

古今地圖透明對照

滑動古地圖透明度拉桿，可以自由調整透明度，與現今地圖對照。

古今照片透明對照

使用老照片透明度拉桿，可以自由調整透明度，與現今街景對照。

照片背後簡短說明

點選老照片，即可瀏覽這張老照片的簡短說明。

解說BOX

1.編　　號：可對應內文與古今地圖中的位置。
2.二維條碼：使用臺北歷史地圖APP拍攝條碼功能，就可立刻導覽這個地點。
3.地點舊名：此地點的舊日名稱，對照現今地圖可看出名稱的變化。
4.解　　說：此地點的解說。

現代地圖

現代地圖依據2016年5月為止的街道與交通系統，重新繪製而成。

圖目錄

每張老照片都標示圖目錄編號，使用圖目錄編號，可在本書第180頁查詢資料出處與典藏機關。

圖目錄D-3

神祕ID

老照片中標示有 i 編號者，可進一步到典藏臺灣網站，輸入號碼，即可瀏覽典藏原件。

i=5956059

http://digitalarchives.tw/Publish/TaipeiHistoricalMapsGuide/

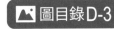

現代地圖圖例

碼頭	警察局
停車場	公園綠地
紀念碑	官署
學校	博物館、美術館
教堂	客運站
宮廟	郵局
佛寺	加油站
醫院	地標

臺灣高鐵站
臺北捷運站
臺鐵車站

現地導覽 隨時神遊

書籍導覽操作說明

地點編號

1

本書設計在內文、今昔地圖與解說BOX中，都可利用同一個編號，對照出該地點在古今地圖中，位置與新舊地名的沿革變遷。

單元標題

每一頁的左上角皆有頁碼與單元資訊，方便快速查找。

地圖主題

配合書中各單元的古今對照地圖主題。

老地圖資訊

精選老地圖的出版年份與地圖名稱，可參照本書第182頁地圖目錄。

百年臺北

滄海桑田
從瘴癘之地到現代化都會，
臺北三百年傳奇鉅變之前世今生。

地牛翻身！

漫步在臺北，突然地面陷落湧入大水，平原瞬間化為汪洋一片！這不是出現在電影裡的災難片情節，而是清康熙三十三（一六九四）年發生的一場大地震……

這場地震造成地表塌陷，海水自淡水河口倒灌，臺北盆地形成面積推估超過一百平方公里的「康熙臺北湖」，水域範圍包含基隆河下游與北側、淡水河社子島地段及部分關渡平原。一六九七年郁永河自福州來臺採硫，請當地原住民在湖畔搭起茅屋煉製硫磺，當時臺北還是個交通不便、猛獸蚊蟲遍布的瘴癘之地。他在著作《裨海記遊》記錄了這次經歷，書中描述臺北盆地是個半封閉型的海灣，也提及湖泊的生成原因：「此地高山四繞，周廣百餘里，中為平原，惟一溪流水；麻少翁等三社，緣溪而居。甲戌四月，地動不休，番人怖恐，相率徙去，俄陷為巨浸，距今不三年耳。」與一七一七年《諸羅縣誌》山川總圖所繪製的景觀相符。然而不到五十年，官方文獻與地圖卻再也見不到臺北湖的蹤跡。

究竟郁永河「康熙臺北湖」的記載是真是假？眾說紛紜，然而觀察地質結構，臺北盆地平均每隔五百至一千年，會以東緣為軸向西傾斜陷落，造成估計規模高達七級的地震，破裂線沿盆地西緣「山腳斷層」1 陷落二到四公尺，接著在百年內迅速被土石流的沉積作用淤平，從地層可見數百次大地震崩落、再填平的累積結果。康熙臺北湖代表了最近一次的地震坍塌事件，而臺北盆地正伺機、醞釀著下次全面性的塌陷！

臺北四面環山，最高峰七星山海拔一千一百二十公尺，在東北季風的影響之下，冬季氣候濕冷，寒流來襲時有機會見到山頭白雪飛舞景緻。山林間生物豐富多元，原應棲息於兩千公尺以上的植物也在此落地生根，臺灣特有種「臺灣水韭」更是全球僅生長在七星山夢幻湖。由於松山機場航道須向南飛行避開北方山脈，忠孝東、西路以北市區受到航高限制，讓身處繁華都市的民眾，能夠在街角巷弄，遠眺北面壯闊山景。

淡水河由大漢溪、新店溪、基隆河組成，河川沖積形成臺北盆地，自古提供先民灌溉所需，也負有交通運輸、飲用與防洪排水等等重責大任。臺北全年東風居多，風向主要沿著基隆河道吹拂，產生有助盆地通風的「都市風廊」。然而都市發展與水爭地，大量開發地勢低窪的洪氾區，加上建築密度高和硬鋪面道路造成保水不易，我們築起堤防阻絕水患，卻也導致豪大雨時無從宣洩，只能仰賴抽水站將洪水抽出堤外。二〇〇一年納莉颱風即因玉成抽水站故障，導致市區多處淹水，災情慘重。

日本時代的淡水港，圖右方洋樓為實業家黃東茂的別墅，1939 年因建造水上飛行場遭收購拆除。前景植物為瓊麻，花序可高達六公尺，是早期恆春半島的經濟作物、金門海岸的防衛植物。

昔 1921 臺灣堡圖（大正版）

頂下郊拚與市街興衰

圖目錄 C-3

來臺的漢人移民最早活動範圍集中在南部，臺北一帶住民以凱達格蘭族為主，漢人僅零星分布於淡水河口北投、石牌、關渡地區，直到清康熙四十八（一七〇九）年陳賴章墾號成立，才開啟臺北地區大規模開墾紀錄，範圍東至中永和、南至林口臺地東緣、西至八里關渡、北至圓山基隆河舊河道附近，此後移民人數漸增。淡水河提供農業灌溉所需，主要支流也作為船隻運輸航行，沿岸發展市街。一七四六年到一七九〇年新莊是北部經濟與政治中心，後來因大料崁溪（今大漢溪）日漸淤積而沒落，艋舺（今萬華）興起成為北臺最大的商業中心，「一府、二鹿、三艋舺」俗諺廣為人知。

艋舺頂郊[1]由泉州三邑[2]人組成，下郊成員則是同為泉州的同安人。頂郊較早到艋舺發展，長期掌控河岸碼頭與課稅權，加上兩者信仰差異、頂郊不滿漳泉械鬥時同安人過於中立等等因素，造成雙方紛爭不斷。清咸豐三（一八五三）年爆發「頂下郊拚」衝突，安溪人信仰的祖師廟位在兩者勢力間，慘遭焚毀；下郊勢力範圍八甲庄（今老松

1 郊：商業公會組織。
2 三邑人：惠安、南安、晉江三地來臺移民的合稱。

國小一帶）也全數燒毀，媽祖神像（今供奉於慈聖宮）與城隍神像（現安奉於霞海城隍廟）隨同安人遷往大稻埕。

一八六〇年淡水開港，起卸口岸包含艋舺與大稻埕。艋舺排外性強，外商多轉至大稻埕設立洋行，加上艋舺碼頭面臨日漸淤積問題，以及米糧出口受到洋米進口中國影響、農民砍除藍靛原料大菁、轉種洋行收購利潤較高的茶樹，造成艋舺相關產業萎縮等緣故，貿易重鎮轉至大稻埕。在頂下郊拚敗退的同安人反而因禍得福，這是當初大獲全勝的三邑人所始料未及的吧！戰後臺北政經重心往東發展，河岸腹地不再獨占優勢，東區、信義區接連崛起，如今臺北一〇一已成為觀光客必遊的景點之一。

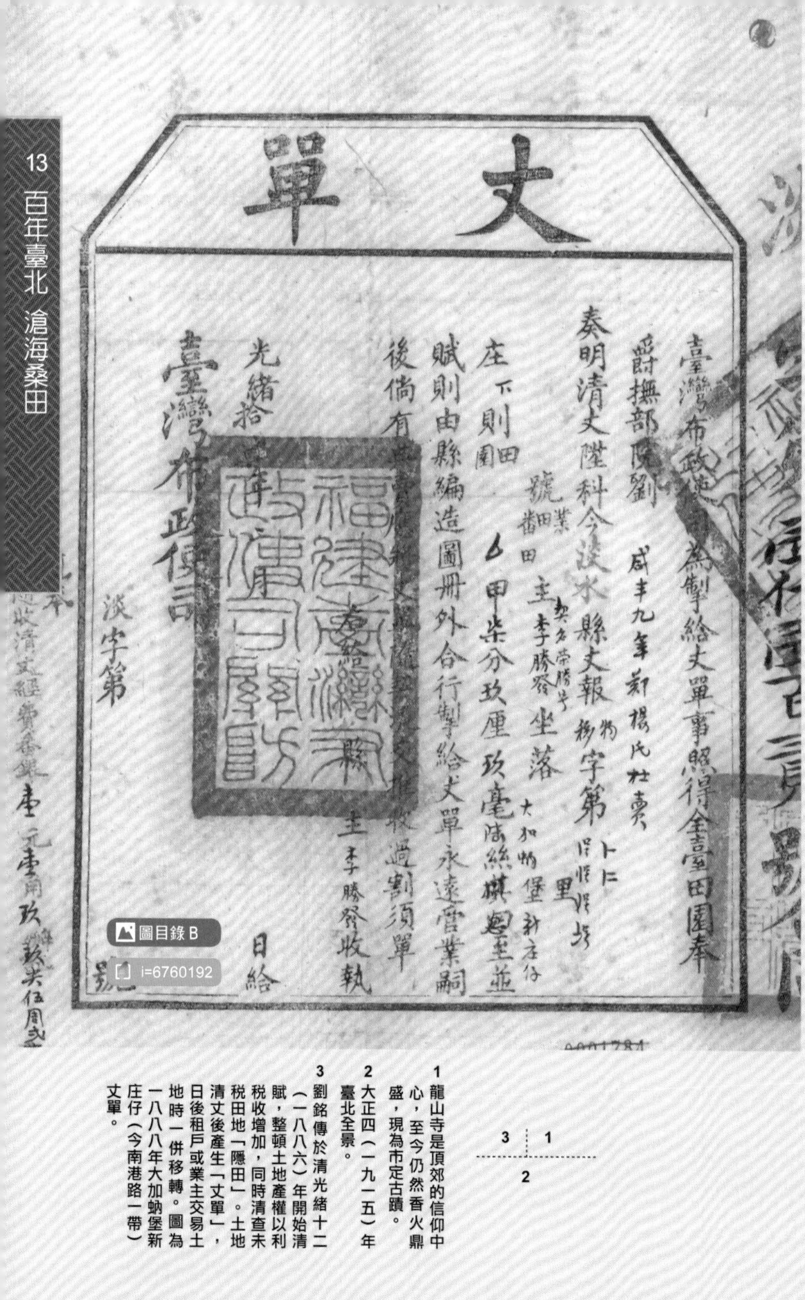

3 | 1
2

1 龍山寺是頂郊的信仰中心，至今仍然香火鼎盛，現為市定古蹟。

2 大正四（一九一五）年臺北全景。

3 劉銘傳於清光緒十二（一八八六）年開始清賦，整頓土地產權以利稅收增加，同時清查未稅田地「隱田」。土地清丈後產生「丈單」，日後租戶或業主交易土地時一併移轉。圖為一八八八年大加蚋堡新庄仔（今南港路一帶）丈單。

艋舺移民信仰與勢力範圍

族群	信仰／主祀	大致勢力範圍
三邑人（頂郊）	艋舺龍山寺 觀世音菩薩	東至西昌街、南至和平西路、西至淡水河岸、北至西昌街北段。
同安人（下郊）	霞海城隍廟 城隍爺	東至中華路、南至和平西路、西至康定路、北至桂林路。
安溪人	艋舺清水巖祖師廟 清水祖師	東至中華路、南至桂林路、西至康定路、北至長沙街。

3 大稻埕舊鐵道橋

明治 32（1899）年以前，尚未遭洪水沖毀的大稻埕舊鐵道橋。原址現為臺北大橋。

2 天主教會堂

1889 年西班牙道明會士來臺北宣教，於大稻埕建立首座聖堂。1910 年代初期於此興建之後的蓬萊町大聖堂。

大稻埕艋舺今昔地圖

昔 1897 臺北大稻埕艋舺平面圖

從城垣到三線路

西門町商場和電影院林立，擁有地方特色冰飲、小吃和餐廳，每到假日明星舉辦簽唱會、西門紅樓前廣場的創意市集，總吸引大批造訪人潮。然而在一八八〇年代以前，西門一帶還是墳塚遍布的公墓用地！直到臺北建城後，才搖身變為繁華商圈。

清同治十三（一八七四）年牡丹社事件，日本出兵攻臺，事後沈葆楨上諭設立臺北府，隔年獲准，從此清廷轉為積極治臺。一八七八年，臺北城內最早的店鋪設立，同年首任知府林達泉到任，決定臺北府城位置，還在艋舺和大稻埕之間，一方面可以解決雙方為府城所在地爭論不休之問題，另一方面得以在未開發區放手一搏，全面規畫不必擔心地方反對聲浪，且府城位在兩方勢力之間，也能同時向雙邊鄉紳募款。

一八八〇年，臺北府衙 **4**[1] 及考棚[2]落成；四年後臺北府城竣工，方位依地輿傳統，略微偏東北、西南走向；講究風水：北依大屯山與七星山，城內中心軸線與北極星象相連。由林維源擔任築城工事總理，以堅石築成長方形城牆，石材大多取自北勢湖採石場[3]，城牆周長共約一千五百丈，建設五城門：東門（景福門）**5**、南門（麗正門）**6**、小南門（重熙門）**8**、西門（寶成門）**9** 與北門（承恩門）**10**。此後石坊街、西門街、新起街[4]相繼發展，城內日漸繁榮，行政、教育機關及信仰廟宇俱備，劉銘傳更從上海購入人力車與馬車數輛，往返於城內、艋舺和大稻埕，三地通稱為「臺北三市街」。

甲午戰爭清廷戰敗，臺灣成為日本殖民地，各項變革和市區改正計畫（都市計畫）依序進行。一九〇〇年，官方告示「臺北城內市區計畫」，開始規畫整體道路網；同年公布「臺灣家屋建築規則」及施行細則，明列房舍衛生、防火、防震規範，臺灣特有的「騎樓」（亭仔腳）建築手法也在這時出現。一九〇〇年代中期拆除西門，並將城牆舊址改建為三線道路 **7**[5]，其他四座城門則在地方人士反映請願之下，列為古蹟留

存。由周添旺填詞、鄧雨賢作曲的歌謠〈月夜愁〉，歌詞即描述走在三線路上，懷想戀人的哀戚心情。

一九一〇年代初期，暴雨造成城內清代建築嚴重受損，總督府就此展開道路拓寬、家屋改築計畫，城內多條道路煥然一新，建物紛紛改為現代化洋式建築。一九二〇年七月廿日公布「臺灣市制」，九月一日舉行「開廳式」，臺北正式設市，首任市尹（市長）為武藤針五郎。一九二二年廢除原有街庄名，改為日式町名，全臺北市共有六十四町十部落，從此榮町[6]、京町[7]、太平町[8]等名稱取代舊有街名。

從臺北府設置至今不到一百五十年，發展速度卻相當驚人。根據徐茂炫等人研究，依臺北市現行行政區推估日治時期同區域人口數，從初期一八九七年的近十四萬人，到後期一九四三年超過四十七萬人，對照二〇一六年五月統計數據超過兩百七十萬人，成長幅度將近二十倍！

2

1

1 臺北留存清代東、南、小南、北城門四座，列為國定古蹟。戰後修築失去原有風貌，僅北門維持舊樣。

2 三線道路東段（中山南路）今景，日治種植大王椰子，至今仍為此路段行道樹種之一。一九一六年一月首辦名為「馬拉松」的路跑賽，僅日人參與；同年四月臺灣日日新報社於三線道路舉辦馬拉松全島大賽，賽程共跑三圈，臺人初次參賽，即由人力車夫林和先生奪冠。

1 臺北府衙：位在今開封街、漢口街、重慶南路、館前路區塊。一八八〇年完工，日治時期作為淡水支廳、臺北縣廳用途。

2 考棚：科舉應試的大會場，由艋舺貢生洪騰雲捐建，讓北部童生不必再遠赴臺南應考。原址在今忠孝東路與中山南路交會地段。

3 北勢湖採石場：位在內湖區金面山（又稱剪刀石山），一九九八年政府公告指定「內湖清代採石場」為直轄市定古蹟。

4 石坊街、西門街、新起街：位在今日重慶南路、衡陽路與漢中街一帶。

5 三線道路：自一九〇〇年代中期興建，分段陸續完工。一九三六年確定最終樣貌，東西南北分別種植大王椰子、楓香、茄苳、蒲葵，對應今日街名中山南路、中華路、愛國西路、忠孝西路。

6 榮町：今衡陽路、寶慶路、秀山街一帶，以及博愛路、延平南路部分路段。

7 京町：今博愛路、開封街一段、武昌街一段、永綏街、沅陵街一帶。

8 太平町：今延平北路一段到三段地帶。

圖目錄 C-20

9 臺北城西門

西門連接臺北城與艋舺，1900 年代中期因市區改正而拆除，原址東方現留存「寶成門舊址」石碑。

6 臺北城南門

麗正門為臺北府城的主門，連結臺北城與古亭，於一九六六年改建為現貌。

圖目錄 N-2

10 臺北城北門

承恩門是昔日城內往返大稻埕的要道，也是現存唯一留有舊貌的臺北城門。

圖目錄 N-2

5 臺北城東門

景福門連結臺北城與錫口（松山），原建築樣式近似北門，也設有甕城，於一九六六年改建為現貌。

圖目錄 N-2

7 三線道路

日治初期拆除臺北城牆，改建為三線道路，沿途種植行道樹，景色優美。

圖目錄 C-5

4 臺北縣廳

日治初期的行政區域畫分，管轄範圍包含新北市、桃園、新竹等地。圖為 1901 年改制前的臺北縣廳。

圖目錄 C-20

臺北市街改正今昔地圖
昔 1922 改正町名臺北市街圖
淡水河
忠孝橋
中興橋
北門站
忠孝西路
延平北路
4 臺北縣廳舊址
10 北門
市民大道
臺北車站
中山北路
延平南路
開封街
漢口街
三線道路北段（忠孝西路）
忠孝東路
善導寺站
昆明街
博愛路
重慶南路
成都路
中山北路
三線道路西段（中華路）
西門站
衡陽路
寶慶路、衡陽路一帶
9 西門舊址
寶慶路
臺大醫院站
凱達格蘭大道
貴陽街
三線道路東段（中山南路）
5 東門
康定路
中華路
延平南路
8 小南門
公園路
仁愛路
中山南路
信義路
龍山寺站
愛國西路
小南門站
三線道路南段（愛國西路）
萬華車站
艋舺大道
7 三線道路
羅斯福路
愛國東路
和平西路
臺北植物園
6 南門
中正紀念堂站
重慶南路
10 北門（承恩門）
三線道路北段
4 臺北縣廳
三線道路西段
石坊街（榮町）
9 西門（寶成門）
三線道路東段
5 東門（景福門）
三線道路南段
8 小南門（重熙門）
7 三線道路
6 南門（麗正門）

圖目錄 C-21

搖身一變 現代化城市

早晨起床刷牙梳洗，到公有市場選購晚餐菜色；返家衣物放入洗衣機，按下開關設定；看個電視稍作休息、電話聯繫久未見面的朋友、到住家附近的公園運動踏青……看似稀鬆平常的居家生活，其實都是近百年來才有的大變革！

清領時期，劉銘傳在臺北開築溝渠，邀集外國技師掘井並成立公共澡堂；規畫現代交通建設、架設路燈等多項先進措施，但多集中在少數區域且無法長久延續。日治初期鼠疫、瘧疾、霍亂等傳染病層出不窮，當時民眾醫療知識貧乏，住家也多以人畜共居為主，衛生環境惡劣，排水不良，缺少乾淨飲水。日本殖民統治引進現代城鎮觀念，學習西方都市發展，推行醫院、公有市場、公園設施，同時力圖改善衛生和交通，關注防火、防洪與防震等安全措施，在這時空背景下，臺北開始各項公共建設，逐漸進展為現代化城市。

清代飲用水和灌溉大多仰賴水井和埤圳，水質不良，容易受降雨汙濁、乾旱枯水影響。日治初期日軍死於戰爭者約一百五十人，因疾病過世者高達四千人，約兩萬七千人因病返日就醫，顯見臺灣衛生環境惡劣。官方將水道工程列為首要改善項目，一八九六年，後藤新平聘請英國技師W. K. Burton來臺，調查全臺衛生情形，包含臺北市上水道（自來水）及排水設計，由總督府民政局技師濱野彌四郎輔佐協助。一八九八年臺灣首座自來水建設於淡水完工，Burton卻在隔年因探勘新店溪上游水源時，因公染病逝世，後人推崇他為「臺灣自來水之父」。濱野彌四郎接續其工作，直到一九〇九年，「臺北水道」（臺北自來水廠）工程才正式完工，以新店溪作為取水口開始供水。後因應臺北市人口增加，再添草山水源地。一九四〇年，臺北州自來水給水普及率約達百分之四十五，遠高於全臺平均百分之十五。戰後，利用政府補助款與美援貸款修築自來水工程建設，一九九〇年全臺普及率已達百分之八十四，臺北市接近百分之九十九。

在汙水排放方面，清代文獻僅見臺南、彰化等地零星資料，推測執行情形並不理想。一八九六年，日本殖民政府擬定臺北部分排水工程計畫，三年後發布下水道規則，之後配合市區改正計畫施工，石材大多是清代築城所用備料，但整體成果不如自來水工程顯著。戰後將雨水下水道及汙水下水道明確分開，臺北市的雨水下水道系統於一九六九年完成全面規畫，逐年建設；汙水方面規畫於一九六二年，但遲至一九七五年才實施。

公有市場大約在日治一九〇〇年代中期之後大量設置，例如以內地人（日本人）為主要服務對象的新起街市場 11（今西門紅樓）、南門市場與幸町市場（今濟南路，幸安市場）；客群為本島人（臺灣人）的新富町市場（今三水街，新富市場）、永樂町市場（今迪化街，永樂布業商場）、士林市場等等。另外也有專門供應零售業者的批發市場「臺北市中央卸賣市場」13，戰後改制移處經營，現址為西寧國宅及市場。

一九〇三年，臺灣總督府於臺北興建龜山水力發電所，兩年後供電臺北市街。「台灣電力公司」前身「臺灣電力株式會社」14 在一九一九年成立，辦公大廈原址為總督府土木局，二戰遭美軍炸燬，現址為博愛大樓。而如今臺灣幾乎家家戶戶架設的市內電話，一八九七年三月首度在澎湖作為軍事用途登場；同年六月總督府與基隆運輸通信支部間的電話接通。民眾使用室內電話要等到一九〇〇年，且全臺僅四百多家用戶，限臺北、臺中、臺南、基隆、斗六使用。一九〇九年臺北電話交換所 12 竣工，是全臺第一座鋼筋混凝土建物，戰後改建為十層高大樓。

公園設置也是臺北走向現代化城市的指標之一。清代以前僅見私人林園，公有綠地出現在日治時期，身兼自然休閒與公共活動空間，除了廣植花木、水池和涼亭，園內也常搭配神社、博物館、圖書館、音樂廳等設施，或擺放名人銅像與史蹟文物，另外也有防災避難、集會活動等功能，例如新公園（今二二八和平紀念公園）15 即是都市計畫下全臺首見模仿歐風的城市公園。一九三二年，官方規畫十七處公園預定地，但隨著戰爭爆發，大多沒有付諸實行，目前可對應過去規畫者，為大安森林公園（七號）、林森公園（十四號）和康樂公園（十五號）。國家公園則始於日本一九三一年施行「國立公園法」，臺灣受其影響，在兩年後成立「國立公園調查會」，一九三七年決定國立公園預定地，指定大屯、次高太魯閣、新高阿里山為國立公園。大屯國立公園面積最小，大約是今日陽明山國家公園與觀音山地區。

1 臺北水道水源地一景。

2 日本時代明治四十一（一九〇八）年臺北公園初步竣工，又名新公園，照片後方博物館在一九一五年落成。園區於一九六〇年代增建五座中式亭閣，後更名為「二二八和平紀念公園」。

圖目錄 C-20

11 新起街市場

又稱臺北市場、西門市場，即今日的西門紅樓，建築主體的八角樓與十字樓興建於 1908 年，為臺灣第一座官方市場，現為直轄市定古蹟。

12 臺北電話交換所

1909 年完工，高兩層樓。戰後由臺灣省行政長官公署工礦處肥料公司接收，成立台肥公司，後改建為十層高的大樓。

圖目錄 C-7

臺北公共建設今昔地圖

昔 1939 臺北市區計畫街路並公園圖

島都與菊花皇朝

大事件

日本皇族與臺北的邂逅

文／陳煒翰

「臺灣，真的變得不一樣了。」身穿套裝的女士說著。

聆聽她娓娓道來的人不是別人，正是當時的臺灣總督——上山滿之進。

這位女士來頭不小，喚作北白川宮富子，時人稱北白川宮大妃殿下，她有位赫赫有名的夫婿：北白川宮能久親王，她道出這句話的地點，正是她夫婿臨終之處臺灣，時間則是承平之時的一九二六年。

臺灣受日本統治的半世紀間，除知名的一九二三年東宮裕仁太子行啟外，其實還曾有近卅位日本皇族造訪過。臺北身為島都，不僅具有政治上的意義，也是殖民統治的重要櫥窗，因此，這些天照大神子裔與姻親，大多都曾來過臺北，做上一天甚至更多天的city tour。

圖目錄 I-3

他們大多由基隆港踏上福爾摩沙，不過在這個海港城市待得並不大久，總是搭乘備好的專用火車前來臺北。接著從臺北車站 4 起，沿著今館前路，直至總督府 7 或總督官邸 6（今臺北賓館）為止，有盛大的歡迎儀式，由總督及一班官員為他們接風洗塵。

島都觀光

在總督府或官邸內，他們的首要行程便是聽取簡報，了解這座島嶼的一切，就像旅行團的行前說明會，只是多了些無聊的數據與資訊。再者，則是利用該空間接見臺灣要人：臺北辜顯榮、李春生，板橋林熊徵，基隆顏氏兄弟，高雄陳家等與殖民者交好的人士，都是出席這類場合的固定班底；當然，為拉攏與強調順服，林獻堂一家也多次被半強迫「受邀」出席。而許多將其視為殊榮的臺籍「有力者」們，則在此時發揮不少「用途」：有力者們出錢延請舞龍舞獅，同時也在當局的組織中發揮其「功用」，影響、動員臺灣人參與。

1 於總督官邸與官員合照的久邇宮朝融王，當時還略顯青澀。

圖目錄 C-16

皇族在臺北的旅程當中，專賣局 **10** 必不可少。這座統領臺灣專賣事業的建築，不僅是一座皇族專屬的產業博物館，更是一座臺北最早的觀光工廠。

專賣局的專員們規畫好參觀動線，在廳舍擺放各式文物展板，以便迎接貴賓蒞臨，聽取完官員粉墨登場充任導覽員的解說後，多半會繞到後方工廠區，參觀實際生產過程。離開專賣局後，車隊泰半會回到官邸內稍事休息。但也有數位皇族，曾透過往南通往古亭的道路前往新店或現在的臺大農場。今車水馬龍的南昌路，就是因應一九〇八年閑院宮載仁親王訪臺而闢的；而古亭至公館的道路從泥土路升級為碎石路，則要「感謝」久邇宮邦彥王伉儷一九二〇年的蒞臨。

距離專賣局不遠的植物園 **11**，則有朝鮮李王的腳印。日朝併合後的朝鮮李王，被視為「準皇族」，接受相應規格的款待，熱愛蘭花的他，由官員們陪同前往植物園一覽。他攜帶當時仍是奢侈品的十六釐米相機入園，除拍攝喜愛的蘭花外，也如觀光客般捕捉當時的臺北植物園入鏡，更逗趣地要求隨行官員也必須成為影中人。不知這位猶如籠中鳥的亡國之君，在同樣身為殖民地的臺灣島都，都留下些什麼樣的影像作品呢？

臺北新公園（今二二八公園）裡的總督府博物館 **5**（今國立臺灣博物館）也是棟皇族常蒞臨的館舍。臺灣地處熱帶與亞熱帶地區，除人文環境與日本本土差異極大外，自然環境亦有差別，對這群稀客來說，看遍這棟蒐羅全臺人類學與自然科學大成的博物館，補足無法前往山林的遺憾，體會因遠遊而帶來的異文化衝擊，實是再好不過。

身兼軍職的男性皇族們，通常身負視察、校閱部隊之任務。今中正紀念堂曾是日軍步兵聯隊與山砲隊軍營 **9**，男性皇族們不僅曾在此校閱這群在南方服役的軍人們，也時常在營區內植樹紀念。

重頭戲登場，show time！

日本皇族來到臺北，重頭戲除接見賓客、聽取總督和官員的簡報，最重要的活動便是前往位於臺北圓山的臺灣神社，參拜被當局定為臺灣守護神的北白川宮能久親王。這樣

的規畫，讓艋舺在皇族臺灣行中受關注的程度，遠低於同為繁榮漢人市街的大稻埕。

為了在短暫的city tour中，向皇族展現統治臺灣的佳績，這間名喚總督府的「旅行社」費盡苦心路線安排，往返臺灣神社 **1** 時絕不走回頭路，去程時多利用敕使道路 **2**（今中山北路）前往，回程選擇已市區改正的大稻埕，一條路走日本風，一條路則有紅磚樓仔厝的漢人市街風情，不得不說，日本人在小細節上十分具巧思，也因如此，不在這條動線上的艋舺，注定要成為city tour中的遺珠。

在臺北的city tour，可不只是路過大稻埕而已。為了向皇族們呈現臺北孩子的受教狀況，常利用位在大稻埕的第一公學校 **3**（後太平公學校，今太平國小）作為「表演舞臺」，漢人兒童們朗讀流利的日語，上日本地理與歷史課，這樣的矛盾與衝擊，就像我們到國外聽到金髮碧眼的外國人講起流利臺語般，有一股衝突美。

稍稍將目光移到城內區的臺北師範學校 **8** 吧！彼時，除第一公學校外，許多教學演示都會在此「演出」，孩子們認真學習的模樣，無論什麼時代，總能博得大人們的好評，而這當然也成為一項重要的表演。不過百密總有一疏，昭和天皇胞弟秩父宮曾在一九二五年冷不防點破這些表演的真實：「全都是事先排練好的。」他走到學生身旁，拿起學生已做滿筆記的書本訓斥校長。這位秩父宮親王，在戰後依然受民眾愛戴，他彷彿戳破國王新衣的少年，炯炯的眼神、對事物敏銳的觀察，也曾在一九二五年的臺灣閃耀。

秩父宮親王同時也熱愛運動，如他一般具備此類特質的皇族，還著實不少。為強調民眾已被馴化、進入「文明」，也為讓皇族欣賞學童們的賣力演出，當局曾經配合「檔期」，舉行過不少聯合運動會。無論體操與競技，或各式舞蹈表演，總讓他們看得津津有味，東伏見宮依仁妃曾對一場小女生的舞蹈十分入迷，結束後甚至在車上拿起小舞者們拿的漢式紙扇，隨手把玩起來呢！

1 東久邇宮稔彥王前往總督府博物館。
2 皇太子車隊通過華麗的奉迎門。
3 久邇宮邦彥王視察步兵第一聯隊與在鄉軍人會臺北支部。

他們在臺北，都吃些什麼呢？三餐除日式料理外，西式、臺式料理也是選項。臺北的衛生環境堪稱是時之最，因此，當時在當局把關下，閑院宮載仁親王曾喝下臺灣第一杯有紀錄的「鮮奶」，在那個很難保鮮的年代裡，這杯鮮奶可謂得來不易！臺菜則多由大稻埕的餐廳供應。春風得意樓、江山樓等都曾提供外燴，這些辦桌料理包括紅蟳、清蒸魚、八寶飯等，不知合不合他們的胃口。從紀錄來看，菜單幾乎沒有更動，或許答案是YES吧。

曾芳之光榮　大稻埕支那大料理東
久邇宮殿下之渡臺。曾于御邸掌上
菜。因其銀盤銀碗。既皆新製。而烹
美。故仁濟團亦厚致宮殿下之意以
薈芳號東感激無措。
此後菜名。

夜深了，華燈初上的臺北也沒閒著，奪目的奉迎門比現在的國慶燈飾還要絢麗，遊行時民眾的高歌與火把，更照亮了臺北夜空。皇太子便坐在總督官邸的陽臺上，靜靜看著臺北萬人遊行，時而拿起手上的旗子朝民眾致意，他有何感想，我們不得而知，但那時的臺北，那些個有菊紋家族成員到來的島都夜晚，肯定十分奢華靡麗。

混合日本皇族對這片南方新腹地的想像與旅情，一點臺灣人被殖民的無奈，以及對名人的好奇，那些個臺北市民與菊紋家族遭遇的日日夜夜，有點矛盾，有點惆悵，有點興奮，有點心機，有點驚奇，在半個多世紀前，激起點點漣漪。

1 在總督官邸的臺式迎神活動表演。
2 搭乘汽車前往臺灣神社參拜的皇太子裕仁。
3 萬名兒童在總督府前表演「旗行列」。
4 餐廳利用皇族發「業配文」。

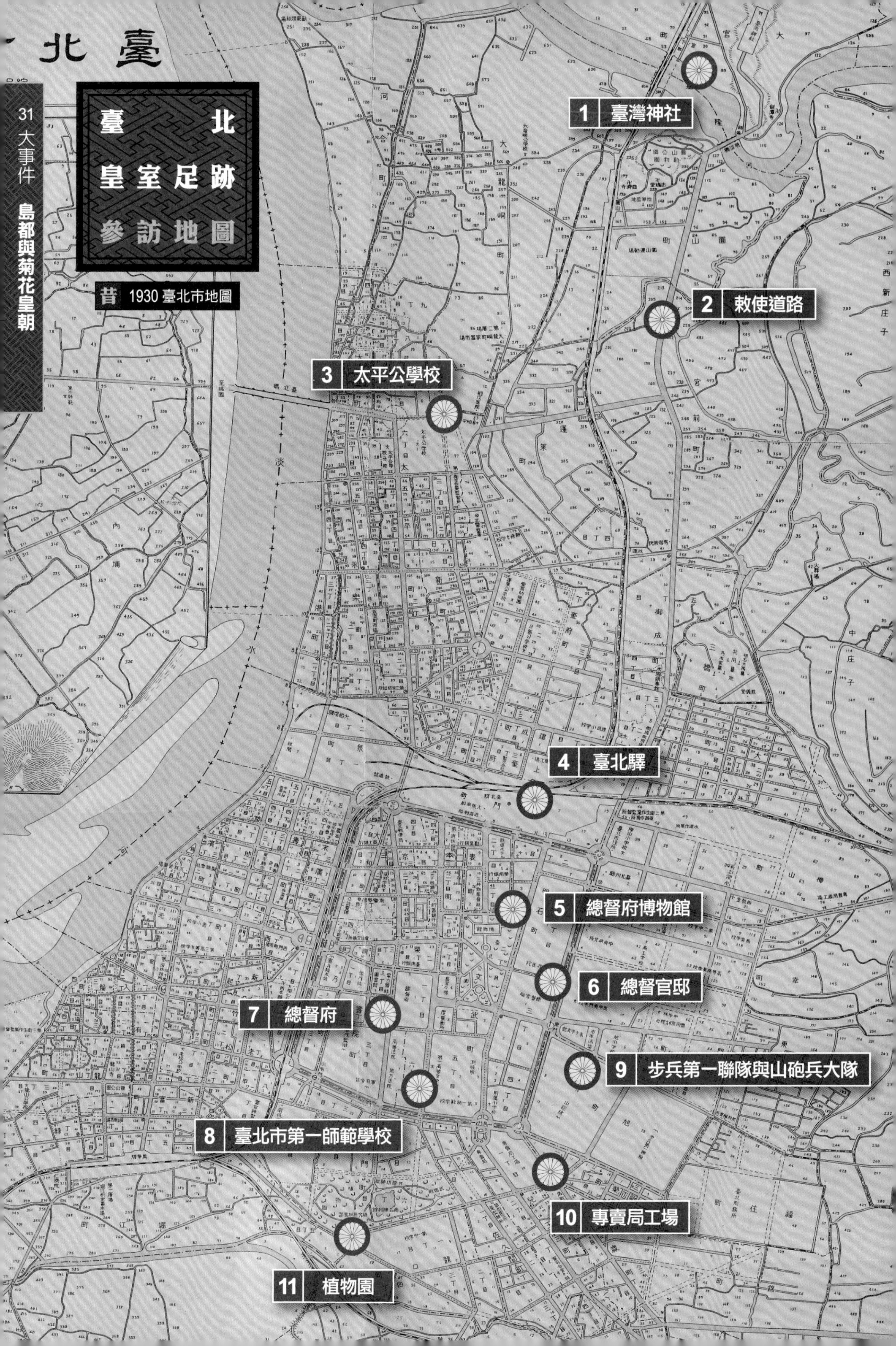
臺北
臺北皇室足跡參訪地圖
昔 1930 臺北市地圖
1 臺灣神社
2 敕使道路
3 太平公學校
4 臺北驛
5 總督府博物館
6 總督官邸
7 總督府
8 臺北市第一師範學校
9 步兵第一聯隊與山砲兵大隊
10 專賣局工場
11 植物園

躍進的城市

城市萬象，
今日復古是昔日摩登，
足跡仍在，
瞬間跳躍時空。

圖目錄 N-18

帶不走的青澀記憶

臺北的中、高等學校

文／陳煒翰

穿著日式立領制服的少年，看著路的另一頭，那位綁著麻花辮、跟同學有說有笑的水手服少女。此情此景的遠方，是含有傳統西洋造型語彙的車站，官廳建築聳立，一旁井然有序的商賈街道，呈現調和且美觀的氣氛。少年少女的穿著、路旁的景色，讓人想起日劇中，與圖畫、相片裡的舊時東京，又或是哪個戰前日本大城。但，其實這裡是臺北，日本統治時期的島都——臺北。

或許受到動畫或漫畫影響，臺灣許多年輕人對日本校園生活懷有好奇與嚮往，甚至「男學生立領制服」、「女學生水手服」的形象與語彙，已深植臺灣人心中，但其實受過日本統治的臺灣，也曾有過近似的時光，尤其是日化最深的臺北。

露出縫隙的升學窄門

日本統治臺灣，一轉眼就來到一九二〇年代，擺脫了前期的紛擾與大興土木，殖民當局開始逐步收割成果。流露洋風的公共建築與市街，臺北的氣勢比之東京亦不遜色，在教育上也出現轉折。

圖目錄 D-2
i=7168315

圖目錄 H

一九二二年開始實施的《臺灣教育令》，以成績與能力作為學生之升學標準，讓日本人、臺灣人在「法律上」得以共學，但就如同臺北二中的首任校長河瀨半四郎所云：「使之熟習國語並將之造就出日本人的性格，非一般辛勞即可為之。」雖然臺灣人獲得了表面上的平等，但由於成長過程中並非以日語為母語，加上執政者有意無意作梗，以及面對需以日語為應試語言的升學窄門，臺灣人的辛苦遠勝於日本人，就好比剛到美國的留學生般，倍感艱辛。

但摒除這些不快，臺北人從以前就是幸福的。如果腦袋不錯、熟悉日本人的遊戲規則、家裡又有些財力，除前往日本本土就學外，在教育資源豐沛的臺北，無論日人、臺人，只要憑藉努力，都有機會進入中等或高等教育的體系當中。

1 與一般學校不同，臺北高校的學生穿著顯得放蕩不羈。
2 臺北第二中學校（現成功中學）一景。

人不〇〇枉少年？

進入初階實業學校培養一技之長，也是一條未來可走的出路，例如臺北州立工業學校（現臺北科技大學）2便培養出許多人才，但許多從小學校與公學校畢業的男孩子們，選擇進入師範學校。今臺北市立大學南門校區以及國北教大，即是當年的臺北師範學校（後分割成第一7、第二師範），畢業後成為一位吃公家飯的老師，是當時許多臺灣青年的選擇。

想更上一層樓的青年，若有家庭當後盾，會選擇進入以成績為主要甄別依據的中學校，他們許多都是接受過跟日本本土一般學童同樣的「準備教育」，白話一點就是「補習」之後取得入學資格。穿著立領制服的他們，除智育外，在生活作息、處事態度上，也受到許多規範與約束。以日本人為主的臺北第一中學校（現建國中學）8，以臺灣人為主的第二中學校（現成功高中）3，以及一九三〇年代以降才誕生的三中、四中，培養出史明、曹永和等對臺灣有重要影響的人物，都是當年的佼佼者。中學校學生可以繼續往上升學，醫學、商業、農林這些島內唯一的高等專科學校都在臺北，比起其他各地的學子，臺北人擁有主場優勢，而許多外地青年因為就學，也與臺北結下了不解之緣。

比起中學校學生的樸實守矩，用「放蕩不羈」來形容考上臺北高等學校（簡稱臺北高校）10的天之驕子，實在恰到好處。位於古亭庄（現址為臺灣師範大學）的臺北高校，是名校中的名校，該校採七年一貫教育，畢業後即可進入臺北帝國大學就讀，許多學童因此不以中學校為目標，而是將眼光放在臺北高校上。因為考上了幾乎等於取得大學門票，人不痴狂枉少年，穿著邋遢的立領制服與木屐、叼著菸泡咖啡館，瘋著社團活動卻又能兼顧學業，辜振甫、邱永漢、林挺生、李登輝等人，都是在這種自由之風下茁壯的臺灣青年。

是大和撫子？新娘子？還是女漢子？

少女們要擠的窄門，比少年們更窄得多了。穿著一九二〇年代日本開始流行的水手制服，女童們在臺灣最頂尖的學府，就是高等女學校。

繁華的臺北城在戰爭結束前共有四間由當局設立的高等女學校，一高女（今北一女中）6、二高女（現址為立法院）4、三高女（今中山女高）5、四高女（現址為國立臺北護理健康大學城區部）等。加上教會創辦的私立靜修高等女學校（今靜修女中）1、被稱為「新娘學校」的臺北市立家政女學校（曾多次搬遷）、私立女子高等學院（現址為國語實小）9等。

少女們在這些學校成長，學習必要的知識，雜誌上刊登過教授女學生化妝的專文，代表女生們愛美的風氣千年不變。但別以為她們只是溫柔婉約，而且弱不禁風。在日式教育薰陶與設計下，許多少女們穿著裙裝，由老師帶隊，前往山巔海濱旅行，連玉山也都有她們的足跡。今日的登山客們，個個身穿排汗衫、腳踩登山鞋、手拿登山杖及各式配備登上山頭。而在當年，雖說有原住民從旁協助，但女學生們竟這樣就攻了頂，著實驚人。

日式戀愛養成遊戲的經典臺詞是「在櫻花樹下告白就能獲得幸福」；為了傳達並留存心意，女學生則會向心儀的男學生索取立領制服上最靠近心臟的那顆鈕釦；電影《海角七號》則娓娓道來女學生與男老師的愛戀。或許不是每個人的阿公都能擠入臺北高校的窄門，享受痴狂的歲月，但或許我們的阿公、阿嬤曾經經歷過類似的青澀年華，也說不定……呢？

2 | 1
4 | 3

1 「自由、自治」下的天之驕子——臺北高校的學生們。
2 當年的一高女制服是流行的水手服。
3 臺北工業學校學生合影，日式立領制服是當年的定番。
4 一高女學生遊逛北市動物園。

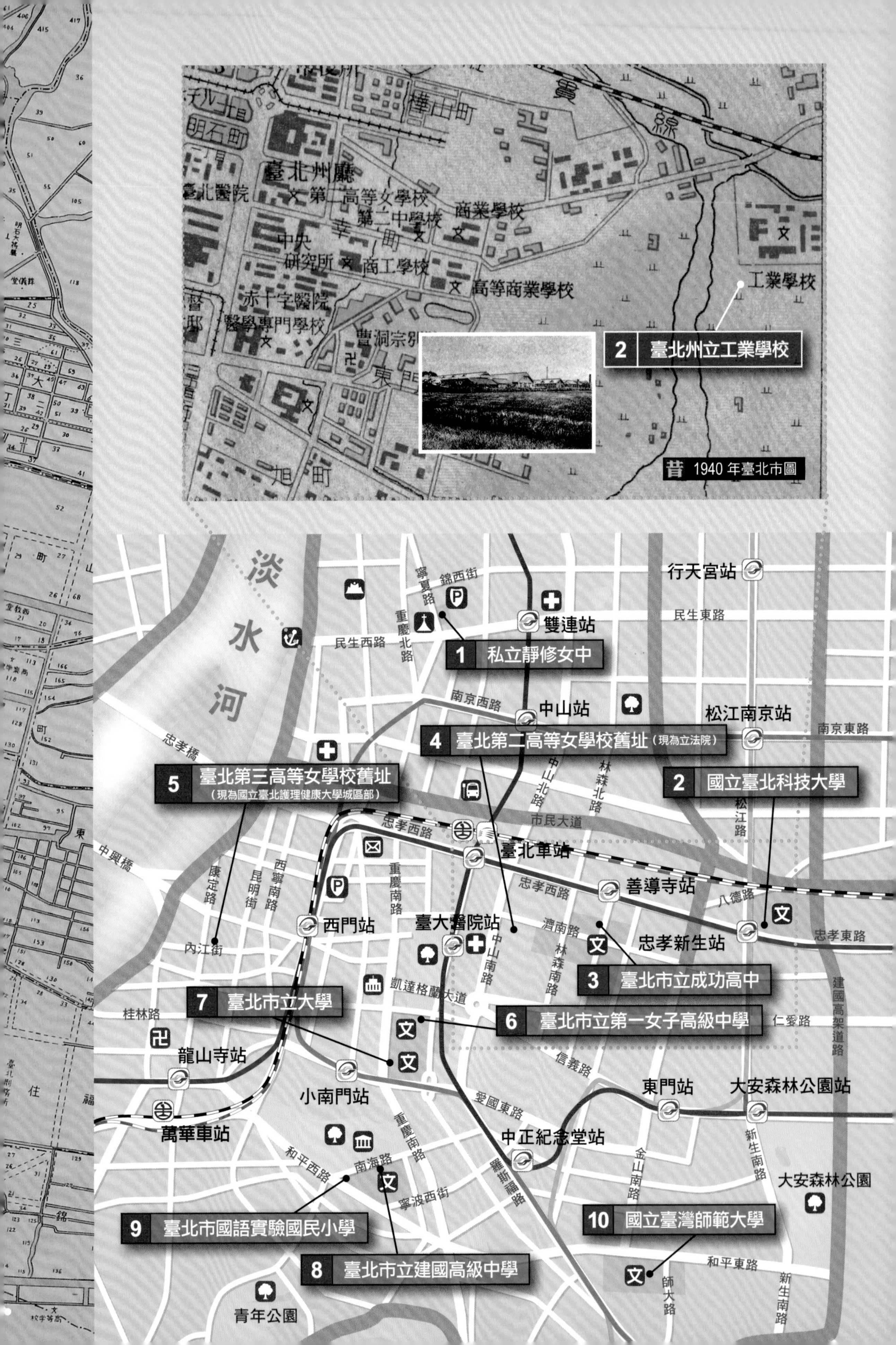

樺山町
明石町
臺北州廳
臺北醫院
第二高等女學校
第二中學校
商業學校
幸町
中央研究所
商工學校
高等商業學校
赤十字醫院
醫學專門學校
曹洞宗別院
東門町
旭町
工業學校
2 臺北州立工業學校
昔 1940 年臺北市圖
淡水河
寧夏路
錦西街
重慶北路
民生西路
雙連站
民生東路
行天宮站
1 私立靜修女中
南京西路
中山站
松江南京站
南京東路
4 臺北第二高等女學校舊址（現為立法院）
忠孝橋
5 臺北第三高等女學校舊址
（現為國立臺北護理健康大學城區部）
中山北路
林森北路
2 國立臺北科技大學
松江路
市民大道
忠孝西路
臺北車站
中興橋
康定路
昆明街
西寧南路
重慶南路
善導寺站
八德路
西門站
臺大醫院站
濟南路
忠孝新生站
忠孝東路
內江街
中山南路
林森南路
3 臺北市立成功高中
凱達格蘭大道
7 臺北市立大學
6 臺北市立第一女子高級中學
仁愛路
建國高架道路
桂林路
龍山寺站
信義路
小南門站
東門站
大安森林公園站
愛國東路
萬華車站
中正紀念堂站
和平西路
南海路
金山南路
新生南路
羅斯福路
大安森林公園
寧波西街
9 臺北市國語實驗國民小學
10 國立臺灣師範大學
和平東路
8 臺北市立建國高級中學
師大路
青年公園

臺北中高學校今昔地圖
昔 1930 臺北市地圖
1 私立靜修高等女學校
3 臺北第二中學校
4 臺北第二高等女學校
5 臺北第三高等女學校（1922-1936）
6 臺北第一高等女學校
7 臺北第一師範學校
8 臺北第一中學校
9 私立女子高等學院
10 臺北高等學校

斷疫疾迎新生

談鼠患撲滅與助產婦興起

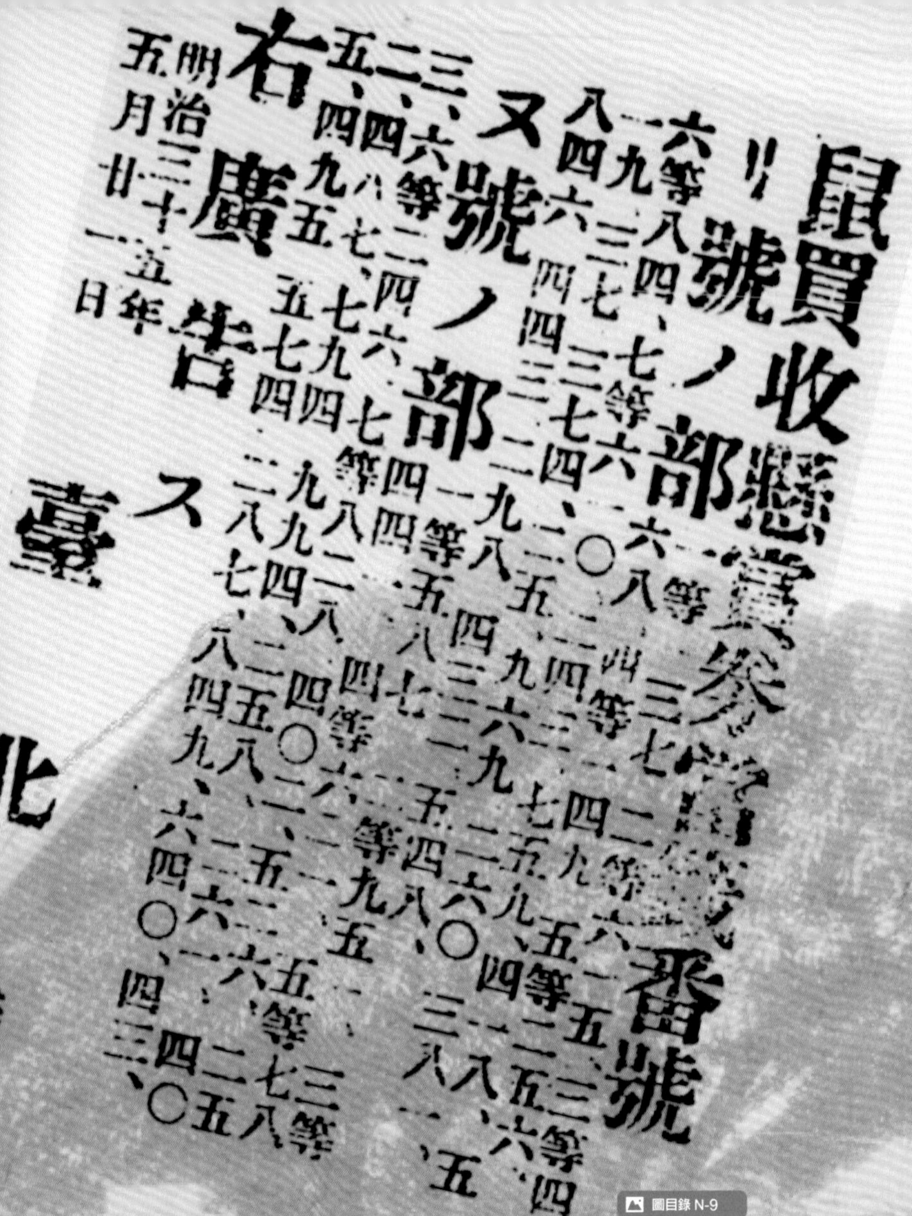

圖目錄 N-9

細數臺灣近代醫療史：早在明代鄭成功登臺之時便引入漢醫醫術；清代，渡海而來的宣教師馬雅各在今日高雄旗後開設收容病患的醫館，堪稱臺灣西式醫院的濫觴；清領下的臺灣，首任巡撫劉銘傳創設官醫局和官藥局；日治時期，殖民政府為便於統治，訂立多項和公共衛生有關的法規，並直接影響戰後臺灣的醫療發展。在漫長的歷程中，也發生過不少現今看來十分有意思的故事。

人鼠攻防戰

一八九六年十月，堀內次雄再度來到這座當時人稱「鬼界之島」的臺灣。堀內是一名軍醫，前一年才隨日軍來臺。夜幕低垂，衛生課急忙派員請他前往府後街（今館前路），檢查一具疑似感染鼠疫的屍體。這具腫脹的女屍已經皮膚發黑、全身布滿水泡……

很難想像，人類史上最嚴重的瘟疫——鼠疫也曾橫行臺灣。鼠疫不僅名列日治初期總督府公布的法定傳染病之一，而且流行的情況極為嚴重。日本領臺的第二年（一八九六

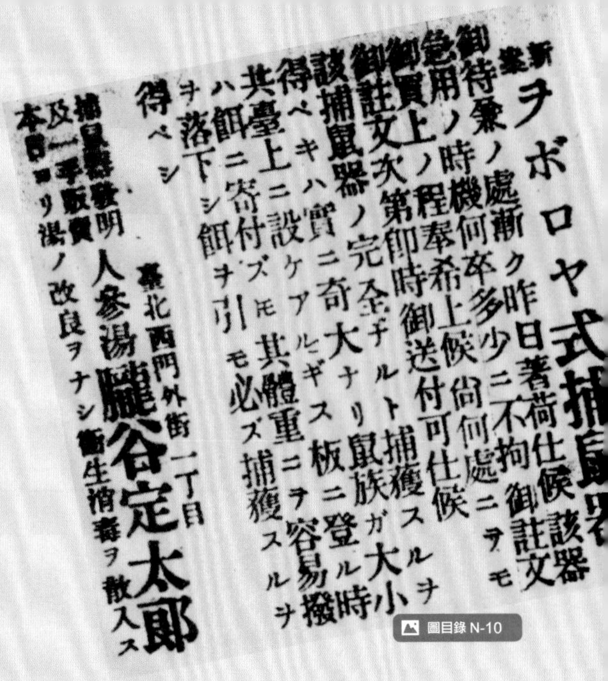
新案 ヲボロヤ式捕鼠器
御待兼ノ處漸ク昨日著荷仕候該器
御急用ノ時機何卒多少ニ不拘御註文
御買上ノ程奉希上候尚何處ニヲモ
御註文次第即時御送付可仕候
該捕鼠器ノ完全ナルト捕獲スルヲ
得ベキハ實ニ奇大ナリ鼠族ガ大小
共臺上ニ設ケアル板ニ登ル時
ハ餌ニ寄付ズモ其體重ニヨリ容易ニ撥
ヲ落下シ餌ヲ引モ必ズ捕獲スル
得ベシ
臺北西門外街一丁目
捕鼠器發明 人參湯 瀧谷定太郎
及一手販賣本舖
人參湯ノ改良ヲナシ衛生消毒ヲ散入ス
圖目錄 N-10

年），日人口中的「ペスト」（佩斯篤）首先現身臺南安平。鼠疫桿菌以老鼠作為中間宿主，再透過寄生於鼠類的跳蚤叮咬傳染散布。同年秋天，鼠疫非但未獲得平息，反而一路蔓延到臺北。

堀內檢視完屍體，隔天在西門街（今衡陽路）又發現三名郵差出現患病的症狀，檢查血液後確認是鼠疫桿菌。當局隨即採取防疫措施，將臺北病院艋舺八甲庄（昆明街、柳州街附近）隔離室臨時改為避病院 1 ，並成立「臨時鼠疫預防委員會」。據說總督府也停止舉辦宴會，和鼠疫長期抗戰。

西川滿在其一九五八年的著作《黃金之人》（黃金の人）當中，曾描述當時臺北城鼠疫肆虐的情景。根據統計，一八九六年至一九一七年臺灣的鼠疫患者就突破三萬人，死亡人數更高達二萬四千多人，死亡率超過八成。連當時臺北避病院院長太田邦五郎也死於該病，得年僅卌一歲。

「捕鼠獎勵」是鼠疫防治期間的特殊景象。一九〇二年總督府聘請細菌學者高木友枝指導防疫；隔年，臨時防疫課成立，由高木擔任課長。最先施行「捕鼠獎勵」的是臺南廳，民眾只要捕獲老鼠，無論死活，都必須繳交防疫單位或警方，否則重罰。之後當局以懸賞為由，鼓勵民眾捕鼠。該年四月，三市街出現類似措施，民眾只要交出一隻老鼠，即可獲得五錢賞金和懸賞券一張；懸賞券累積至一定數量還可參加抽獎，共計五種獎項，最高可獲得五圓。總督府厲行捕鼠計畫，報上也會刊登目前收買的隻數及累計的數量。不過，由於這項獎勵政策，不少「趣事」也因而發生。例如有民眾為了獎勵金，大老遠跑到鄉間抓老鼠，或是因為爭論「老鼠是我抓的才對！」而被請到警務課好好「說明」一番。

除獎勵捕鼠外，還包括其他防疫措施，例如要求民眾接種鼠疫血清疫苗、加強衛生宣導等。一九一七年，長達廿二年的鼠疫肆虐終告平息，總督府在臺舉辦了「鼠疫終熄慶祝會」。不過為防萬一，之後幾年仍持續實行捕鼠活動。

圖目錄 C-9

1 臺北廳在臺灣日日新報上刊登了捕鼠獎勵的中獎號碼。
2 當時也有商人兜售新式捕鼠器。
3 赤背條鼠俗稱黑帶鼠或石鼠，會危害一般農作物，當時也是鼠疫的傳染源之一。

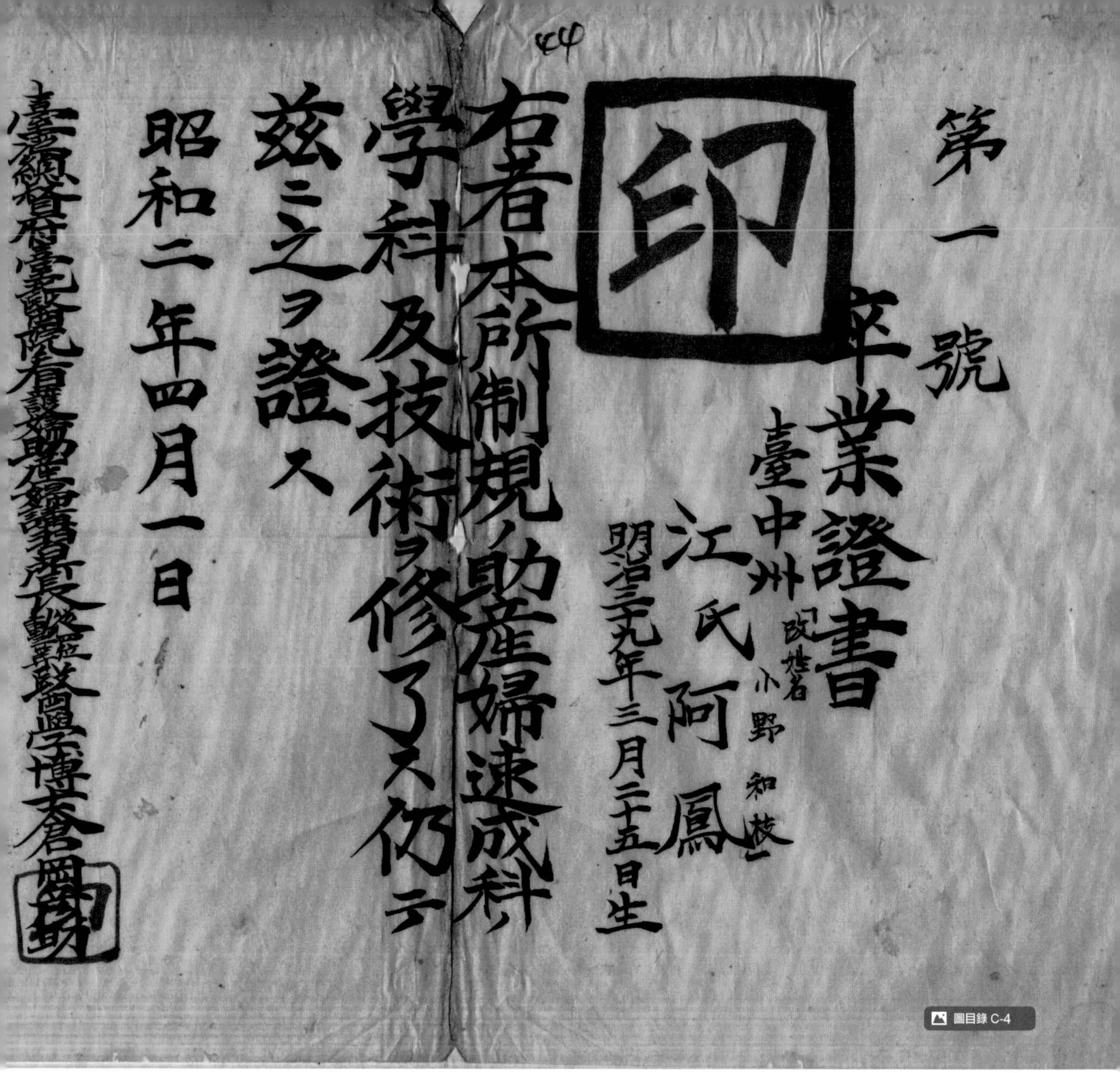
第一號
卒業證書
臺中州
江氏阿鳳（改姓名 小野知枝）
明治三九年三月二十五日生
右者本所制規ノ助產婦速成科學科及技術ヲ修了ス仍テ茲ニ之ヲ證ス
昭和二年四月一日
臺灣總督府臺北醫院看護婦助產婦講習所長從五位勳四等醫學博士倉岡彥助

圖目錄 C-4

少女啊，胸懷大志

一九三二年十一月六日的報紙上，刊登了一則訪談性質的短文。斗大的標題寫著〈少女產婆，十六歲通過考試〉，並難得地附上一張身穿漢服的半身照。受訪者是住在艋舺綠町一〇七番地（今西園路、大理街一帶）的林碧珠。內文用第一人稱娓娓道來自公學校畢業、進入產婆講習所，到後來參加筆試、術科考試的過程。

林碧珠說到，自己是十四歲從公學校（相當於今日的小學）畢業那年，就到蓬萊產婆講習所 **2** 學習。起初覺得壓力很大，課本的程度和以往完全不同，盡是些難懂的漢字。此外，必須實地跟著老師和產婦應對，這令她十分害怕，有時甚至用請假來解決。但日積月累的進步，讓她對這個職業愈來愈感興趣。修業期滿後，就先後參加了學科及術科考試，因為術科較難，她考了兩次才通過。

文末，記者也訪問到林碧珠的母親。母親喜孜孜地表示，因為女兒年紀未滿廿歲，不能開業，所以在執業之前，希望能在赤十字

病院（今聯合醫院中興院區）3 或總督府臺北醫院（今臺大醫院）實習。

一九三二年已是日治後期，產婆制度至此堪稱完備。文中提到的「蓬萊產婆講習所」是一間私設產婆學校，位在大稻埕蓬萊町，也就是今民生西路、寧夏路交叉口。講習所設於「蓬萊產婦人科醫院」內，所長是張文伴醫師，兼任醫院院長。

彼時，除了總督府臺北醫院在一九二二年開設的「助產婦講習所」，民間醫院也有開班傳授助產士課程，蓬萊產婦人科醫院便是一例。另外，同樣在院內設置產婆講習所的還包括永樂町的「高產婦人科醫院」4，院長是出身臺北醫院產婦人科的高敬遠醫師。醫院創立於一九二〇年，是臺北市第一間私立婦產科醫院。據說當時高醫師是抱持著「做一件乏人問津的工作」的心情開業。兩位醫師都肩負著培養助產士的重要使命。

至於林碧珠的母親提到少女才十六歲還不能開業一說，源自臺灣總督府一九二三年十月十二日公布的《臺灣產婆規則》，當中規定執業的產婆必須年滿廿歲，而且必須是總督府臺北醫院「助產婦講習所」畢業生、產婆考試合格者或具備日本內地產婆資格者，才能獲頒營業執照。

時至今日，在臺灣仍有助產士正在執業，但鮮為人知。在醫療科技發達的現代社會，「順勢生產」呼聲反而漸起。回望近一個世紀前，這位年紀輕輕就立下大志的十六歲準產婆，是否曾想過「產婆」這分職業，在未來會有著什麼樣的輪廓？

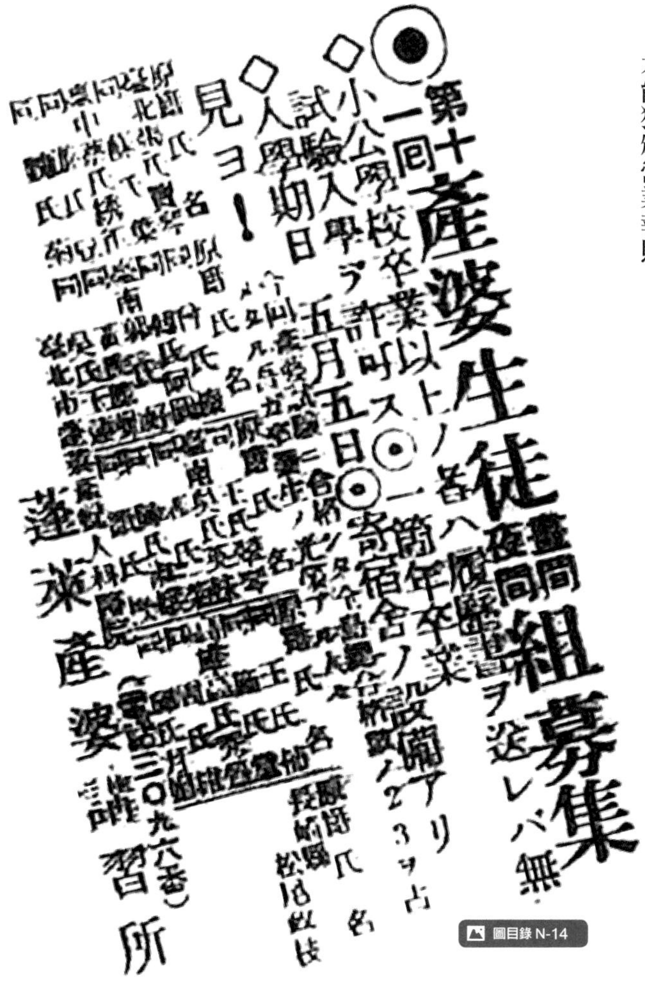

圖目錄 N-14

1 一九二七年臺北醫院助產婦速成科發給的畢業證書。

2 蓬萊產婆講習所於一九三〇年刊登招募學生的廣告。

3 赤十字病院

第一代赤十字病院落成於 1905 年，為兩層磚造建築，提供醫學校臨床教學及實習之用。右側是總督府醫學校。1936 年遷到泉町（今鄭州路）。遷址落成後的第二代赤十字病院占地廣大，設備完善。現為臺北市立聯合醫院中興院區。

4 高產婦人科醫院

今南京西路、西寧北路口在 20 年代曾佇立著樓高三層的「高產婦人科醫院」，創立者是「臺灣婦產科先驅」的高敬遠醫師。

稻江醫院 1

臺北病院艋舺八甲庄隔離室在 1896 年 10 月底鼠疫日漸猖獗時，改為「臺北縣避病院」，專門收容傳染病患者。1913 年 7 月，醫院遷至大龍峒町，更名為臺北市稻江醫院。現址為市立民權國中。

蓬萊產婦人科醫院 2

20 年代落成的「蓬萊產婦人科醫院」距離現在的「寧夏夜市」入口處不遠。

臺北近代
醫療見聞
今昔地圖
昔 1935 臺灣博覽會記念臺北市街圖
1 稻江醫院
2 蓬萊產婦人科醫院
3 赤十字病院
4 高產婦人科醫院

來了！南無警察大菩薩

文／郭怡棻

圖目錄 N-8

這時候，這麼一條繁華、熱鬧的十字街頭，變得冷冷清清地幾同廢墟，連往來的人們，都不由地帶著幾分恐怖，在這時，祇見到一個威風凜凜、殺氣騰騰的巡查大人，搖擺著從此踱過。

——楊守愚，〈十字街頭〉（一九三〇年）

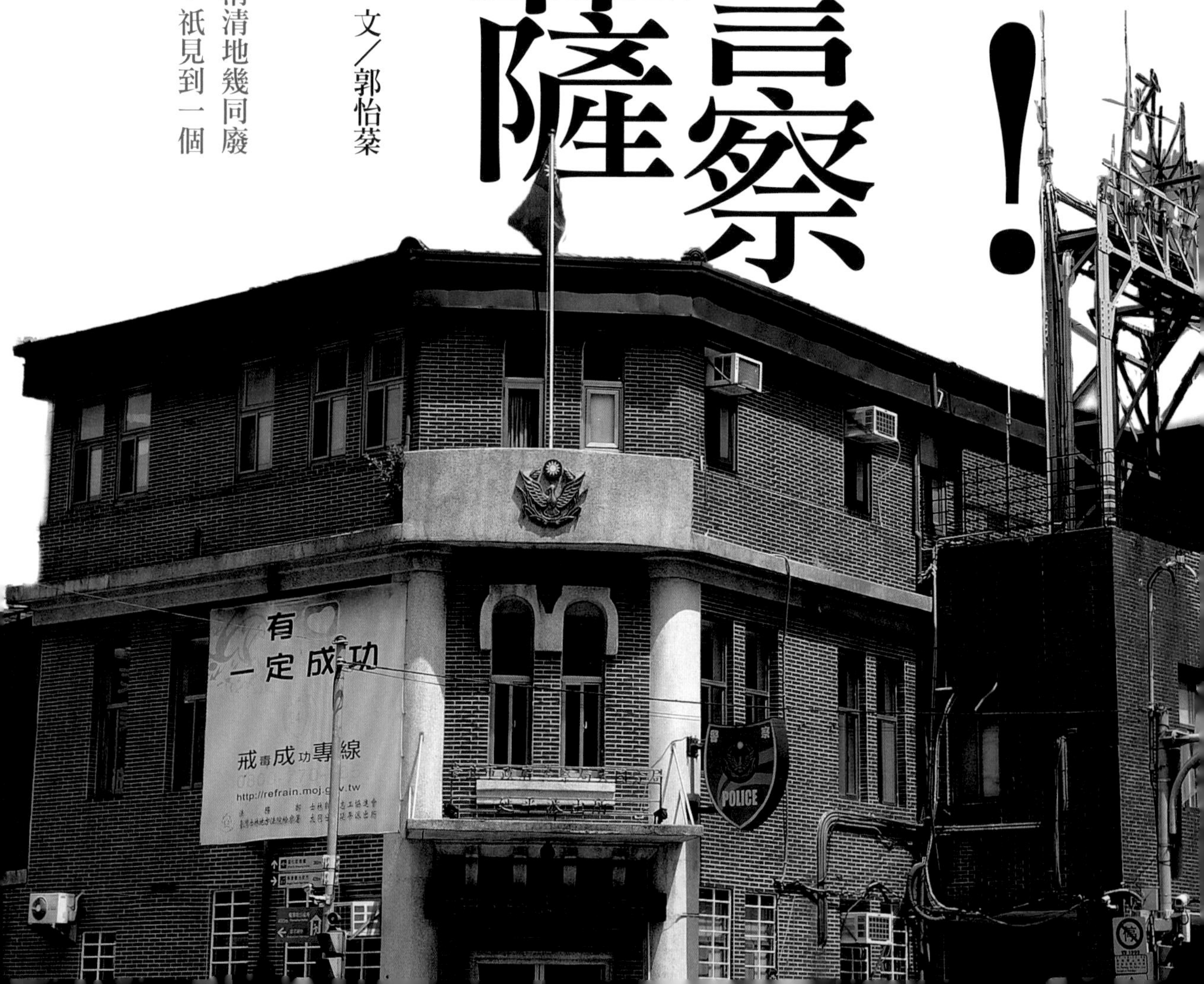

蜿蜒狹窄的街路，沿著人家，順著地勢，躺臥在傳統聚落中，隨著「現代化」到來，茅屋土牆拆毀，市街拉直，大道拓寬。筆直寬廣的道路縱橫交錯，一格一格畫出了街廓，與直挺挺的新式洋樓共同構成嶄新的都市空間。街道交會的十字路口，人潮如波如流，繁華喧鬧，經常是文學家筆下被殖民者在傳統與當下間徘徊苦悶的所在，也是殖民政府化身的警察與臺灣百姓接觸、取締商販衝突的地方。而在他們身後的轉角，臺灣人俗稱「三角窗」的位置，往往矗立著一棟警署或派出所，虎視眈眈地監控來往的人們。

大人來了！

日治時期引進現代警察制度，警察除了執行一般警政與衛生業務，還掌管戶籍清查、稅捐徵收、鴉片行政、思想控制、犯罪即決、物資配給等事務，甚至擔任原住民的教育者，「警察萬能」的說法因而流傳。甚至在一九二六年臺北州警察衛生展覽會中出現了「南無警察大菩薩」的形象，海報裡警察化身為千手觀音，象徵無事不管、無所不能。由於警察職權過大，經常發生濫權欺壓百姓的情形，許多臺灣人因此非常畏懼警察，有時小孩啼哭不休，一句「大人來了！」或者「再哭！警察要把你捉走」，就會讓孩子馬上嚇得閉嘴。

一九二〇年，臺灣地方行政區域重新調整，總督府以艋舺、大稻埕、城內「三市街」為基礎，設立臺北市，隸屬臺北州。臺北市因管轄人口較多，大約以鐵路為界，設有南、北警察署，掌管分散在轄區內的「警察官吏派出所」。

臺北南警察署 6 轄區包括城內、萬華、南門等地，設立之初先借用臺北州廳（今監察院）一隅辦公，直到一九二九年才搬遷至位於大和町的新廳舍。新廳舍座落在城內日本人區與萬華臺灣人區交界處，鄰近總督府、憲兵隊、臺灣銀行等重要官廳機構，也靠近人潮聚集的新起街市場（今西門紅樓），在治安上居樞要之地，能監控人群活動，也能護衛官署，立即馳援。

在臺灣人聚集的萬華地區，南署另外設置萬華分署（今萬華分局舊址）管理。一九二九年，隨都市規模持續擴大，臺北市人口增至二十萬，南、北兩署業務量繁重，警務當

臺北北警察署建築立面圖。 圖目錄 C-14

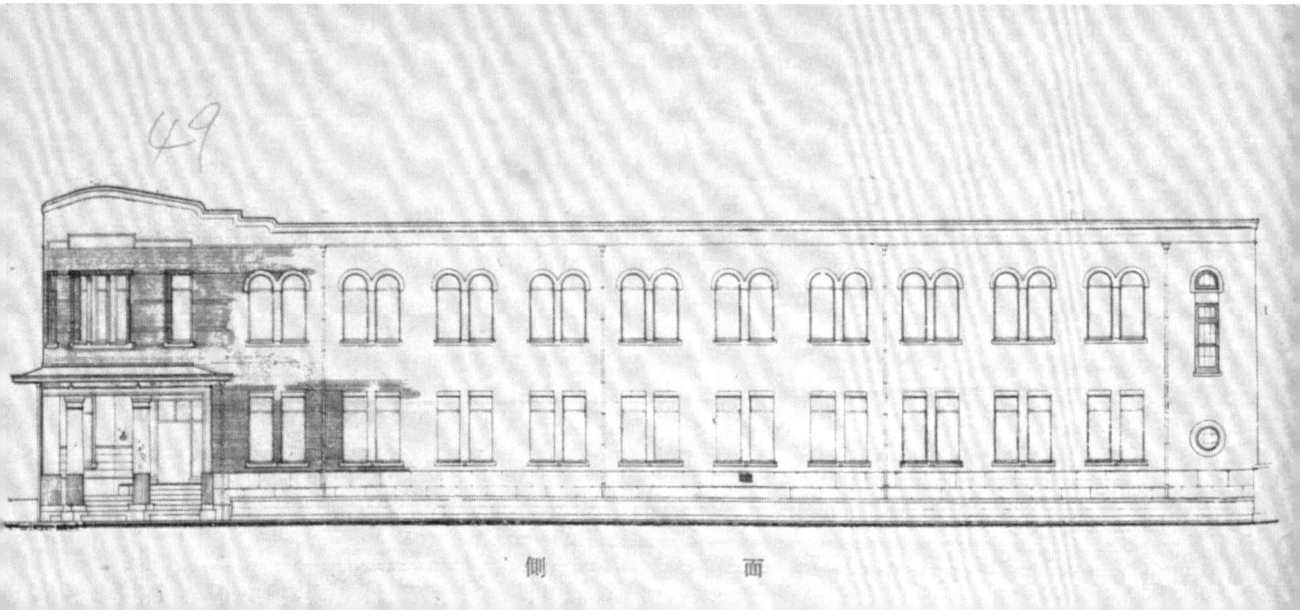

圖目錄 D-1

局曾規畫欲在萬華設置西警察署，讓三市街各有一間警署維持治安。或許受限於預算等理由，這個構想始終未能實現。

社會問題的研究所

與南署南北相對的臺北北警察署 1 位在大稻埕，主要管控臺灣人市街，設置初期沿用「日新街警察官吏派出所」辦公，並在旁側擴建事務空間。直到一九三三年，才在對街原本的警務局銃器倉庫蓋起二層樓的新廳舍。北署轄區是一九二〇年代臺灣社會運動的北部大本營，知名社會運動家蔣渭水曾三番兩次被請到北署的「留置場」（拘留所）過夜。他暱稱北署為「日新館」，入監當作住旅館，與鱸鰻稱兄道弟，聽娼婦訴悲慘命運，將此處視為「社會問題的研究所」，寫下〈北署遊記〉、〈三遊北署〉，記錄所見所聞。

圖目錄 C-12

首次遊北署被釋放時，署長客氣地詢問蔣渭水在留置場停留的經驗，是否有需要改善之處。沒想到，蔣渭水滔滔不絕講了三十分鐘，提出了改善衛生、不可拷打及虐待犯人、飯量增加等建議。不僅蔣渭水有此觀察，《臺灣新民報》也時常報導北署留置場內對嫌犯冷天潑水、「掛手扣」（刑求）、禁食，或外包飯菜偷工減料等。不過在衛生部分，日後新建的北署在廳舍最末端設置新式扇形留置場，除便於監視，也改善了通風和採光問題。

圖目錄 C-14

至今仍分布在臺北街頭巷尾，轉個角、拐個彎在路口就會遇見的派出所，是受日治時

期警察據點採取分散配置方式影響所致。初期，官方會以人口、管轄面積為考量，選擇人潮聚集、交通要衝之地，挪借廟宇、宗祠、民宅作為警察辦公場所，之後才在廟旁、十字路口等地緣接近、視野寬敞處興建派出所。以一九四四年為例，臺北市共有三十七間派出所，光是太平町一處就有七間派出所，警力部署密度高於臺灣其他城市。

與派出所最常共用同一棟建築的單位是「消防詰所」（消防事務所）。日治時期臺灣的消防組織原先為私人籌設，而後頒布法令由警察機關負責管理，才會出現警消共用廳舍的現象。一九一七年九月臺北第一棟以鋼筋水泥建造的消防詰所 **5**，與府前街警察官吏派出所、警鐘臺同時落成。這座位於轉角的消防詰所，擁有一座約二十一公尺高的望火樓，在一片低矮房舍中特別突出，能夠登高眺望四方警戒，確認火災發生地點。此外，在大稻埕稻新街派出所 **2** 與萬華祖師廟前街派出所 **7** 也都設有消防詰所，共同維護三市街防火安全。

百年來，現代警察制度在臺灣落地生根，警察的形象由「大人」到「人民的保母」（偶爾還糾雜「國家暴力」的爭議），反映出不同時代民眾、警察、國家三者關係的張弛變化。制度的引入，同時影響城市地景面貌，一棟又一棟懸掛警徽的建築物開始盤據在街口轉角，燈火日夜明亮，守護地方治安。即使戰後政權轉換，警察官署多數仍沿用日治時期的建築，若有改建，也經常選在原址或鄰近地點。過去與現在綿長細密的連結，幽微而具體地顯露在臺北街頭各角落。

南署奇案

根據《臺灣日日新報》報導，一九二九年十二月九、十一日兩夜，一向戒備森嚴的總督府忽有怪賊侵入，職員辦公桌的抽屜被拔出亂丟，文書資料四散，山林課長的大辦公桌下「有人放屎行跡」，某職員收藏在抽屜的藝伎名片被翻出排列在桌面上。接獲通知的南署員警「立張非常線」，迅速趕到兩條街外的現場拉起警戒線進行搜查，並加強巡邏查緝，努力要將怪賊緝拿到案。

5 4 1 2 3

1 這張少見的派出所內景，是李火增在一九四二年攝於住家附近的下奎府町警察官吏派出所。下奎府町派出所位於今南京西路與寧夏路口，現已拆除。
2 臺北南警察署內部景觀。
3 臺北北警察署廳舍玄關。
4 臺北北警察署事務室一景。
5 臺北北警察署署長室。

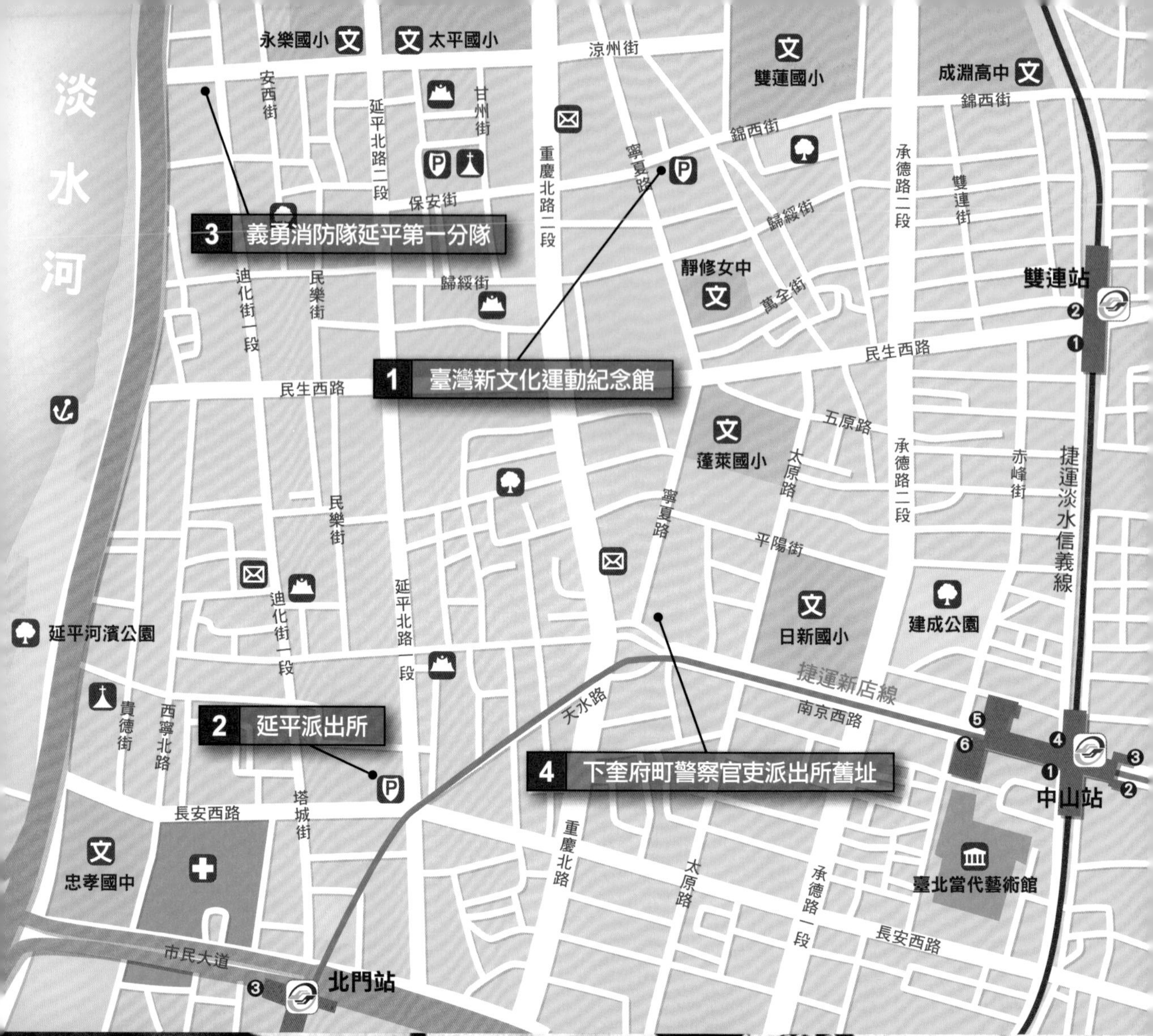

1 北警察署

一九三三年落成的臺北北警察署新廳舍，戰後增建為三層樓，現為市定古蹟並挪作「臺灣新文化運動紀念館」館舍。

大稻埕警消公署今昔地圖

昔 1930 臺北市地圖

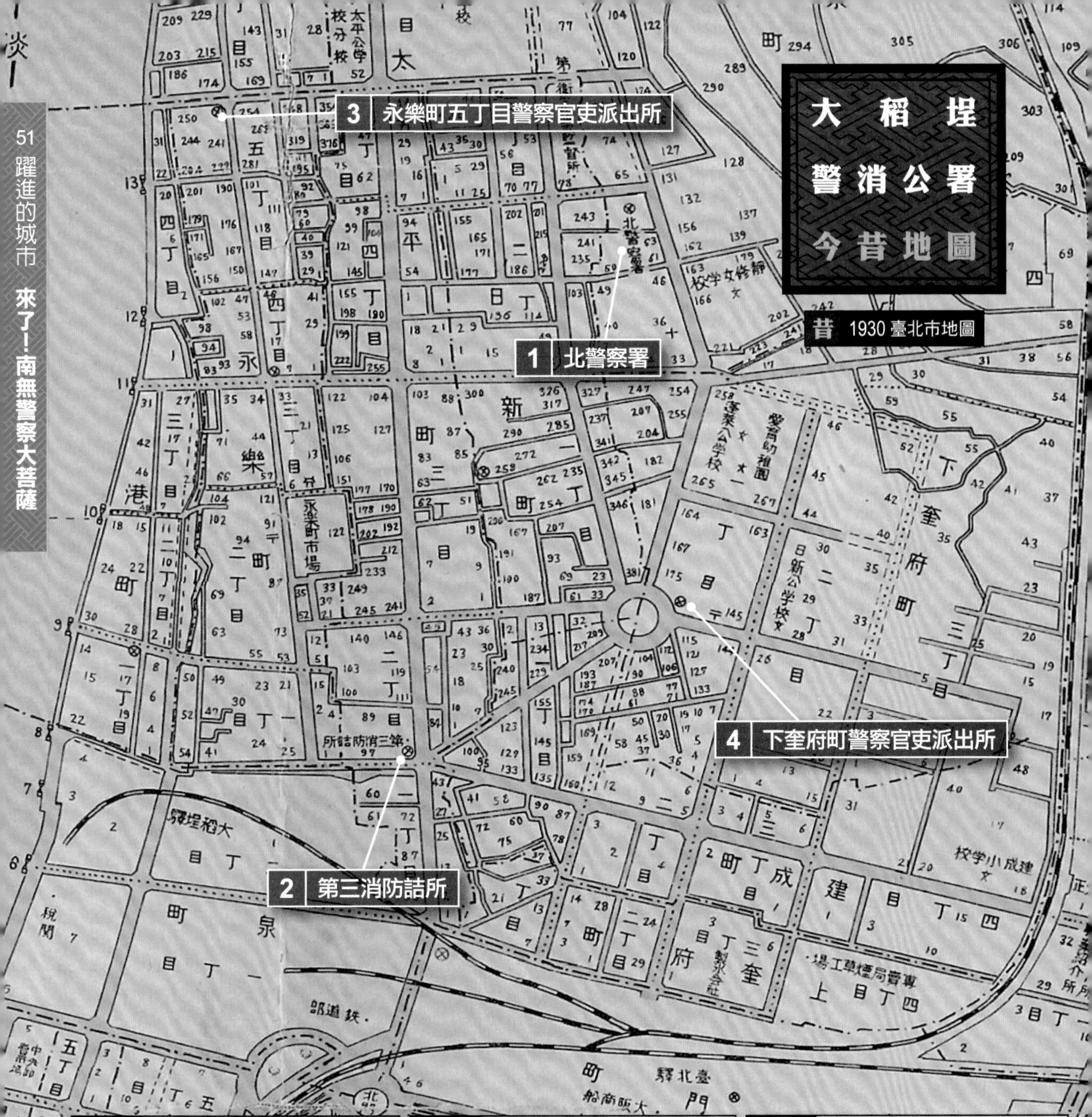

4 下奎府町警察官吏派出所

位於今南京西路與寧夏路口，現已不存。

3 永樂町五丁目警察官吏派出所

設立於永樂町五丁目的派出所，於今涼州街迪化街口，現為義勇消防隊延平第一分隊。

2 第三消防詰所

設立於大稻埕稻新街派出所的第三消防詰所，現為延平派出所，建築還保有當時樣貌。

5 第一消防詰所

一九一七年完工的消防詰所位於今重慶南路與忠孝西路口，高聳直立的望火樓是城內地區重要地標。原址現為城中消防大樓。

圖目錄 I-2

城中艋舺 警消公署 今昔地圖

8 新起町警察官吏派出所

原為歷史悠久的新起街派出所，於臺北大空襲時燬損。現為臺北市政府警察局萬華分局漢中街派出所。

7 第二消防詰所

萬華祖師廟前街派出所的第二消防詰所。現為臺北市政府警察局萬華分局警備隊。

圖目錄 C-12

6 南警察署

老照片為一九二九年落成的臺北南警察署外觀，現址為臺北市政府警察局。

博愛特區的前世今生

走在今天的總統府及周遭一帶，有許多習見的機構與地標：官署、醫院、博物館、銀行、公園……但是你知道嗎？它們曾是殖民時期現代化的指標，也是近百年前臺灣人（臺北人）親眼所見的新鮮事物。且讓我們一一梳理這些歷史建築的風貌變革與前世今生。

圖目錄 C-5

1 總統府

臺灣總督府、介壽館

現址：臺北市中正區重慶南路一段 122 號

完工於 1919 年，現為國定古蹟。1895 年日本入臺初期，臺灣總督府以清朝官員留下的欽差行臺、福建臺灣承宣布政使司衙門作為辦公處所（今延平南路中山堂附近），直到第五任臺灣總督時才計畫興建永久性廳舍。設計圖定稿過程幾經周折，由臺灣總督府營繕課技師森山松之助作最後修改，才成今日的華麗風貌。日治末期遭美軍轟炸，部分建築毀損。1945 年日本戰敗後由國府接收，1946（民國 35）年為慶祝總統蔣介石六十大壽，將該建築更名為介壽館並加以整修，1948 年修復完成。1949 年東南軍政長官公署進駐，同年中央政府遷臺，總統府與行政院也在此設址辦公。1950 年東南軍政長官公署廢除，1957 年行政院遷出，由總統府專用。2006 年介壽館正式改名為總統府。

2 臺北賓館

臺灣總督官邸
臺灣省政府官邸

現址：臺北市中正區凱達格蘭大道 1 號

修建完成於 1913 年，現為國定古蹟。日治時期1899 年規畫興建總督官邸，由福田東吾、野村一郎設計，於 1901 年建成。1911 年決定改建，由森山松之助總責營繕，1913 年完成，改建後建築樣式從較簡潔的文藝復興樣式，變為今日所見的巴洛克風格。除作為總督住宅外，主要機能轉變成接待貴賓、迎接皇室成員。1945 年國府接收後，一度作為臺灣省主席官邸，1950 年轉交總統府，1953 年撥借給外交部，作為招待國賓、晚宴使用。2001 年因建築損害嚴重停止使用，隔年開始修復，並於 2006 年完成。目前除舉辦國宴、國慶酒會與招待外賓，每月也會擇一假日開放參觀，有時會舉辦慈善園遊會跟文化藝術等活動。

圖目錄 C-22

3

臺大醫院舊館

臺北病院、臺灣總督府臺北醫院
臺北帝國大學醫學部附屬醫院

現址：臺北市中正區常德街 1 號

臺大醫院舊館建築群完工於 1920 年代初期，為當時東亞最好的近代化醫院之一，現為市定古蹟。臺大醫院前身為日人來臺初期（1895 年）的大日本臺灣病院，位於臺北大稻埕，1896 年改為臺北病院，1897 年改為臺灣總督府臺北醫院。1898 年遷移至現址，該地原本是清時期臺北城內天后宮（今國立臺灣博物館）東側的練兵場。當時的臺北病院是「和洋混合風格」的大型木造建築群，1906 年起陸續改建為今日所見的全新紅磚建築，1921 年改建完成。新建築的設計者為近藤十郎。1938 年併入臺北帝大，成為臺北帝國大學醫學部附屬醫院。戰後 1945 年則改為國立臺灣大學醫學院第一附屬醫院，1950 年改稱國立臺灣大學醫學院附設醫院，即臺大醫院。

4

土地銀行展示館

日本勸業銀行臺北支店

現址：臺北市中正區襄陽路 25 號

建於 1933 年，現為市定古蹟。1922 年，勸業銀行正式來臺經營，並於臺北、臺南兩市各設立支店，1930 年代於臺北、臺南興建兩座大型銀行廳舍。這兩座廳舍的外觀，與臺灣當時流行的西洋古典風格的大型建物不同，融合了些許古代中美洲馬雅建築風味。建築表面的雕塑裝飾十分創新，如 S 形紋、幾何紋、獅頭等，由巨柱撐起的超高騎樓也頗具特色。戰後由臺灣土地銀行接收，作為總行使用，2007 年進行大規模整修後，由國立臺灣博物館使用（產權仍歸土銀），改為「國立臺灣博物館土銀展示館」，並於 2010 年起開放參觀。

圖目錄 C-19

5 監察院

臺北廳、臺北州廳

現址：臺北市中正區忠孝東路一段 2 號

於1915 年完工，是臺灣目前保存最完整的巴洛克建築，現為國定古蹟。建築設計者為森山松之助，完工後做為臺北廳之辦公廳舍，1920（大正 9）年因臺灣行政區改制，轉由臺北州使用，臺北州的轄域包括今臺北市、新北市、基隆市及宜蘭縣。戰後，原本做為臺灣省行政長官公署的辦公廳舍之一，1947（民國 36）年 3 月 1 日由臺灣省政府使用，1958 年該建築正式轉交監察院使用至今。

6 臺灣銀行總行廳舍

臺灣銀行臺北本店

現址：臺北市中正區重慶南路一段 120 號

1937 年完工，現為市定古蹟。1897 年，日本國會通過《臺灣銀行法》後，臺灣總督府決定拆除臺北城內孔廟與關帝廟，於原地附近興建臺灣銀行的營業處所，但該建築至 1930 年代遭白蟻侵蝕，且銀行業務量遽增，因此，1934 年時於原建築的西邊興建新廳舍，由日本建築家西村好時設計，大倉組承攬土木施工，於 1937 年竣工。建築立面簡潔，而細節上則採用簡化的西洋古典建築樣式，二、三樓的巨柱與挑高空間是其顯著特徵。第二次世界大戰期間，此建築物遭美軍轟炸，屋頂於戰後重建，整體外觀仍保有日治時期舊貌。日本ＴＢＳ電視劇《華麗なる一族》前幾集曾借用總行的營業大廳，作為劇中虛構之「阪神銀行」總行的拍攝場景。

圖目錄 C-6

圖目錄 C-19

8 國立臺灣博物館

臺灣總督府博物館、故兒玉總督暨後藤民政長官紀念館

現址：臺北市中正區襄陽路 2 號 (二二八和平紀念公園內)

1915 年完工，是臺灣第一個為了展示、收藏為目的而建造的博物館，現為國定古蹟。1913（大正 2）年，民政長官祝辰巳為紀念奠定臺灣殖民地近代化基礎的第四任總督兒玉源太郎與民政長官後藤新平，向民間募款籌建「故兒玉總督暨後藤民政長官紀念館」，位址定於原「臺北大天后宮」（前一年因風災受損而拆除），由日籍建築師野村一郎與荒木榮一設計。1915 年完工後，卻由原來的「臺灣總督府博物館」（前身為臺灣總督府民政部物產陳列館、臺灣總督府民政部殖產局附屬博物館）遷入該建築，館藏以南洋動植物與臺灣原住民文物為特色。戰後，總督府博物館改制為臺灣省博物館、臺灣省立博物館，1999 年改為國立臺灣博物館。

7 司法大廈

臺灣總督府高等法院、臺北地方法院、檢察局

現址：臺北市中正區重慶南路一段 124 號

1934 年落成，現為國定古蹟。1920 年代末，臺灣總督府選定臺北城內右下、距離南門不遠處的原武廟位置，作為司法業務新建築的所在地，1929 年開始興建，由總督府總督官房營繕課長井手薰設計。1934 年完工，命名為臺灣總督府高等法院，是臺灣日治時期的最高審判機關，臺北地方法院亦遷至本處。另外，愛國婦人會、覆審法院等機關也陸續遷入。該建築的中央高塔高 31.8 公尺，為小八角型尖頂，一般稱為帝國冠帽或興亞式屋頂，意即「復興東亞」。戰後，中華民國政府仍以此處做為最高司法機構，更名為司法大廈。目前由臺灣高等法院院本部、臺灣高等法院檢察署、司法院及司法院大法官使用中。

9 二二八和平紀念公園

臺北新公園

現址：臺北市中正區凱達格蘭大道 3 號

起建於 1899 年，1908 年初步落成，當時命名為臺北新公園（相對於 1897 年落成的圓山公園），是臺灣第一個承襲歐洲風格的近代都市公園。當時公園範圍僅有現今公園的南半部，公園之北仍有臺北大天后宮。1913 年總督府執行「市區改正」，拆除前一年因風災受損嚴重的大天后宮，並於原址旁興建故兒玉總督暨後藤民政長官紀念館，即後來的臺灣總督府博物館。1915 年完工時，新公園的範圍往北拓展，整體格局與今日大致相符。由於位於政經核心區域，公園內經常舉辦政策性活動。戰後，1947 年二二八事件爆發，2 月 28 日下午大批憤怒群眾衝入位於公園中的「臺灣廣播公司」廳舍（現為臺北二二八紀念館），對外播音發出控訴，成為全臺反抗活動蜂起的開端；之後行政長官陳儀也多次於該電臺透過廣播向民眾喊話。由於此一歷史關聯，成為將近五十年後公園改名的緣由。1996 年 2 月 28 日，豎立於新公園內的二二八和平紀念碑正式揭碑，新公園改名為「二二八和平紀念公園」。

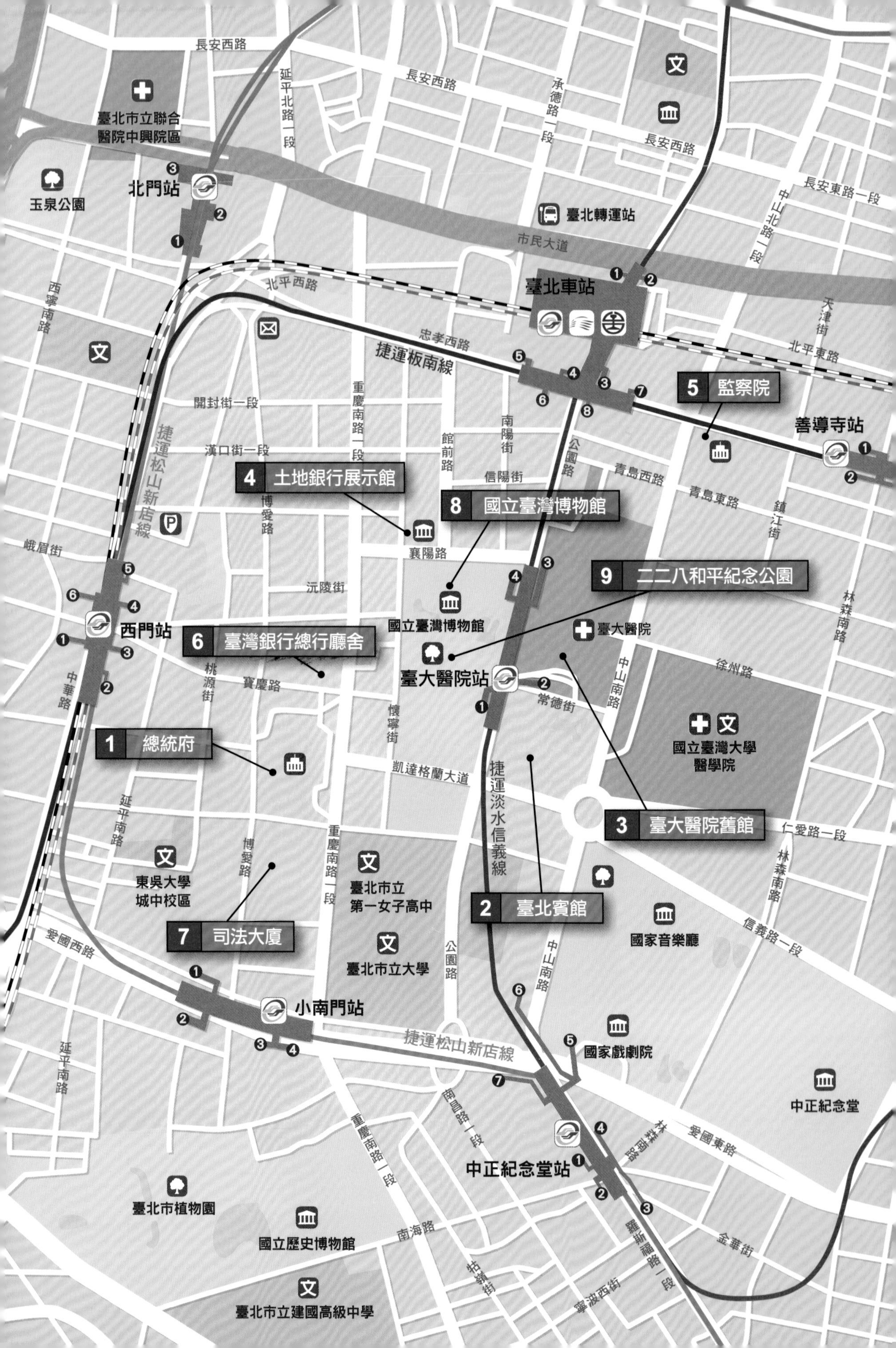

長安西路
臺北市立聯合醫院中興院區
玉泉公園
北門站
延平北路一段
承德路一段
長安西路
長安東路一段
中山北路一段
臺北轉運站
市民大道
北平西路
臺北車站
忠孝西路
捷運板南線
天津街
北平東路
西寧南路
開封街一段
重慶南路一段
南陽街
館前路
漢口街一段
公園路
捷運松山新店線
4 土地銀行展示館
信陽街
青島西路
青島東路
5 監察院
善導寺站
鎮江街
8 國立臺灣博物館
峨眉街
博愛路
襄陽路
沅陵街
9 二二八和平紀念公園
林森南路
西門站
國立臺灣博物館
6 臺灣銀行總行廳舍
臺大醫院
臺大醫院站
桃源街
寶慶路
常德街
徐州路
中華路
懷寧街
中山南路
1 總統府
凱達格蘭大道
捷運淡水信義線
國立臺灣大學醫學院
延平南路
3 臺大醫院舊館
仁愛路一段
東吳大學城中校區
博愛路
重慶南路一段
臺北市立第一女子高中
林森南路
7 司法大廈
2 臺北賓館
信義路一段
愛國西路
臺北市立大學
國家音樂廳
公園路
中山南路
小南門站
延平南路
捷運松山新店線
國家戲劇院
南昌路一段
重慶南路二段
中正紀念堂
林森南路
愛國東路
中正紀念堂站
臺北市植物園
國立歷史博物館
南海路
金華街
羅斯福路一段
牯嶺街
寧波西街
臺北市立建國高級中學

1 臺灣總督府
2 臺灣總督官邸
3 臺灣總督府臺北醫院
4 日本勸業銀行臺北支店
5 臺北州廳
6 臺灣銀行臺北本店
7 臺灣總督府高等法院
8 臺灣總督府博物館
9 臺北新公園
臺北政經中心今昔地圖

昔 1930 臺北市地圖

圖目錄 N-7

眼觀世界 耳聽天涯

報紙新聞與廣播

讀報紙看世界

人們天性渴望新知，總想打聽周圍鄰里的消息，或千里之外的事物，這樣的好奇心逐漸推動大眾傳播媒體的發展。十六世紀時隨印刷術改良，報紙順勢誕生，至十八到十九世紀，中產階級教育識字普及，報業開始蓬勃興盛。透過報紙上種種前所未聞的通信報導，縱使遠在世界一隅的邊陲小島，也能在家中得知天下事，時時增長見識，報紙遂化為臺灣人接觸近代文明的第一扇窗口。

圖目錄 N-5

清末光緒年間，臺灣即透過船運獲得來自中國發行的報紙；臺南傳教士巴克禮牧師亦曾自行印刷以羅馬字拼音閩南語的《臺灣府城教會報》，內容除傳福音外，亦包含社會上大小事，供教友閱讀傳布。日本領有臺灣後，新聞從業人員渡海來臺，於一八九六年在臺北陸續開辦《臺灣新報》、《臺灣日報》，成為本地最早的近代化報紙。但初期因進口紙張不易、交通運輸欠佳、識字率低落、新聞品質參差等種種問題，報紙經營相當困難，甚至得仰賴臺灣總督府補貼挹注，為官方印製出版《府報》及《官報》等命令告示等，方能維持。

臺灣總督府的統治於一九一〇年代日益穩固，鉅資建築的縱貫鐵路通車，農工實業招商開發力圖進取，報業經過一番砥礪磨練，也踏上軌道，在臺北、臺中、臺南三地都有每日發刊的日報，臺北還有好幾種以週刊、旬刊、月刊頻率出版的報紙，日本大阪、東京的報社也在臺北設立支社發行。當時新聞

1 臺灣日日新報社為日治時期臺灣發行量最大的報紙，包含漢文版與日文版，以日報與晚報發行。

2 臺灣日日新報社前方為橢圓公園，即西門寶成門原址。公園設置民政長官祝辰巳銅像，其基座現今移至中山堂，改立孫中山先生銅像。

記者雅稱為「操觚者」，「觚」意指古時候書寫用的木簡，即從事文字工作者，在臺北一地約有兩百餘人，其薪資待遇與一般公務員略等。

報紙上刊載了世界各國要聞、來自日本與中國的時事，以及島內訊息。供稿來源有記者採訪編寫、外地特派通信、社會投書徵稿等；內容包羅萬象，涵蓋政治、經濟、財政、行政、社會、藝文等種種面向，例如頭版是歐陸諸國大戰，第二版為中國軍閥交鋒，再繼續翻閱是種種奇情重案社會新聞，而後又有藝文專欄與諷刺漫畫等，滿足讀者的興趣。

記者撰稿文字分別為日文與漢文，起初的報導有如一篇篇文章，後來逐漸採用口語化稿件，並搭配照片刊登，讓新聞圖文並茂。隨著識字率增加，報紙的傳播影響力也愈大。一九三〇年代前期，臺灣報紙的發行量已達十餘萬份，當時報紙價格不菲，日報訂閱每月需一圓五十錢，大略相當於今日一千多圓，因此往往多人傳閱，若以一份報紙傳閱五人計算，閱報率超過臺灣總人口的十分之一，可說是非常廣泛。

發行量稱雄的臺灣日日新報

位於臺北西門榮町的《臺灣日日新報》2 是全臺發行量首屈一指的日報，設有漢文版，發行日刊與夕刊（晚報）。這棟樓高三層的紅磚洋風建築，不但培育出許多記者報人，如開辦《臺灣經世新報》4 的稻垣孫兵衛，以及臺灣通信社的田中一二；也有許多知名文人學者曾加入編輯行列，如籾山逸也、尾崎秀真、谷河梅人、西川滿，以及章太炎、謝汝銓、魏清德等等，使得報導、專欄更加妙筆生花，後來亦啟用女記者，如作家楊千鶴。《臺灣日日新報》在發行之餘，也經常舉辦各類演講座談、展覽表演等藝文活動，特別是昭和二（一九二七）年的「臺灣八景」票選，激起各地鄉親父老熱情參與，最終總票數高達三億六千萬票，成為轟動整個夏天的大事件。

但《臺灣日日新報》因接受總督府補助，報社高層又與官方往來交好，一直被視為「御用紙」，立場較偏向支持當局，不時遭同業譏諷。另外，當時報紙收入來源普遍仰賴廣告，舉凡醫院、旅館、餐廳開業，或企業會社活動，均在報紙上刊登消息，新聞版面上的廣告篇幅與置入性行銷也越來越多。而《臺灣日日新報》一向善於廣告營收，曾接受專賣局鉅額廣告費，在頭版刊登大篇幅的麥酒廣告，頗讓業內人士議論紛紛。

圖目錄 N-15

臺灣人唯一之言論機關
週刊
臺灣民報
星期日定期刊行
昭和二年一月二日發行
第一百三十八號新年號要目
春頭先立大計
圖目錄 N-16

臺灣新民報為民喉舌

臺北北門末廣町還有一家日報《臺灣新民報》3為後起之秀，號稱「五百萬民眾の支持、臺灣人唯一の日刊新聞」，由林呈祿、羅萬俥、蔡培火、林獻堂等許多臺籍有志之士共同發起。原先在東京以旬刊、週刊頻率發行，頗受島內歡迎，後來通過許可，終於能在臺灣發行日刊與夕刊，發行量迅速躍居第二名。目標讀者為本地大眾，致力為臺灣民眾發聲；在新聞報導之外，也刊載許多漢文的藝文創作，啟迪民智、激發民族意識。

報業積極開展業績、閱報人口增加的同時，臺灣總督府對報紙新聞的言論自由始終多所打壓，制訂了《臺灣新聞紙令》，條文內有名譽毀損的告訴罰則，被官僚恣意延用，威脅報紙不得批評時政；再搭配申請許可、強制送審、檢閱制度等措施，動輒刪除文章或取消報紙發行。在中日戰爭爆發前後，當局又頒布《不穩文書臨時取締法》加強箝制言論，並廢除報紙的漢文欄，戰爭末期還強迫報社合併，完全掌握了生殺大權。

廣播騰雲乘風來

報紙作為大眾傳播媒體，仍需要印刷、配送過程的時間，一九二〇年代出現了更加即時迅速，能跨閱地域的廣播科技，臺灣總督府交通局遞信部遂於一九二八年設立臺北放送局1，大舉展開廣播宣傳事務。除接收海外電波外，臺灣放送協會也在位於新公園的「臺北放送局演奏所」製播本地節目，其中約三分之一左右的時段為新聞報導，以日語、臺語、客語播送，吸引聽眾並宣揚說明官方施政，其他時段則為教育、娛樂節目。

由於收音機價格高昂，廣播此一新奇媒體通常只有富豪仕紳能負擔，或是分發到地方公署配合政令宣導，成了臺灣民眾接觸新知的又一管道。而日本昭和天皇宣布戰敗的「玉音放送」也曾在臺灣同步廣播，林獻堂先生於當天日記中留下了他收聽放送、與親友互相討論的記載，並感嘆：「嗚呼！五十年來以武力建致之江山，亦以武力失之也。」足見廣播的即時性。

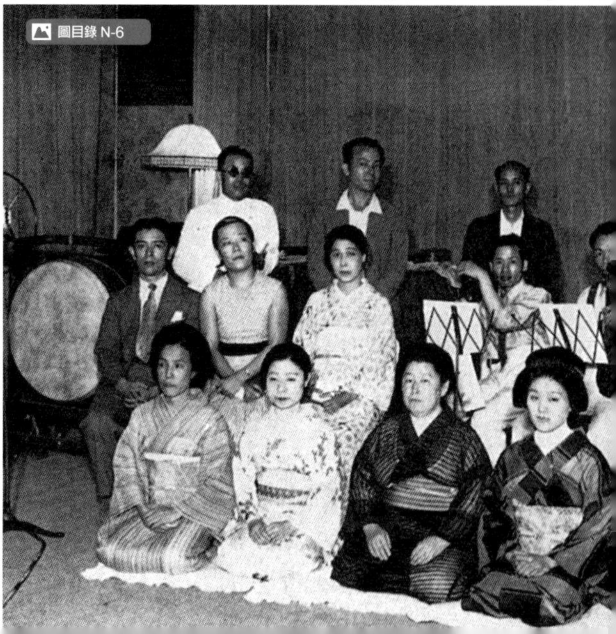

4 3 2 1

1 臺灣民報由新民會留學生蔡培火等人在日本東京編輯發行，為漢文報刊。臺北支局於一九二六年遷至下奎府町，約位於太原路一三九號。（參見本書八六頁）

2 臺灣民報號稱「臺灣人唯一之言論機關」，蔣渭水在一九二七年新年號發表了「同胞須團結、團結真有力！」的口號。

3 臺灣博覽會時在臺北放送局播送的廣播節目，現場演奏歌曲《台湾唄の旅》。

4 臺北放送局廣播塔，內有擴音喇叭播放廣播節目，位於國立臺灣博物館後方。

4 臺灣經世新報社

臺灣經世新報社位於末廣町三丁目，社長為稻垣孫兵衛，此週刊經常批評社會時政，現址約為新橋商業大廈。

圖目錄 N-7

5 日本電報通信社

日本電報通信社位於末廣町二丁目，接收海內外的通信新聞，現址約為西門綜合商業大樓。

圖目錄 N-7

1 臺北二二八紀念館

圖目錄 N-4

圖目錄 C-13

1 臺北放送局廣播電臺

臺北放送局於 1928 年開始進行廣播測試，以多種語言播放音樂節目、新聞報導與政令宣傳，現址為臺北二二八紀念館。

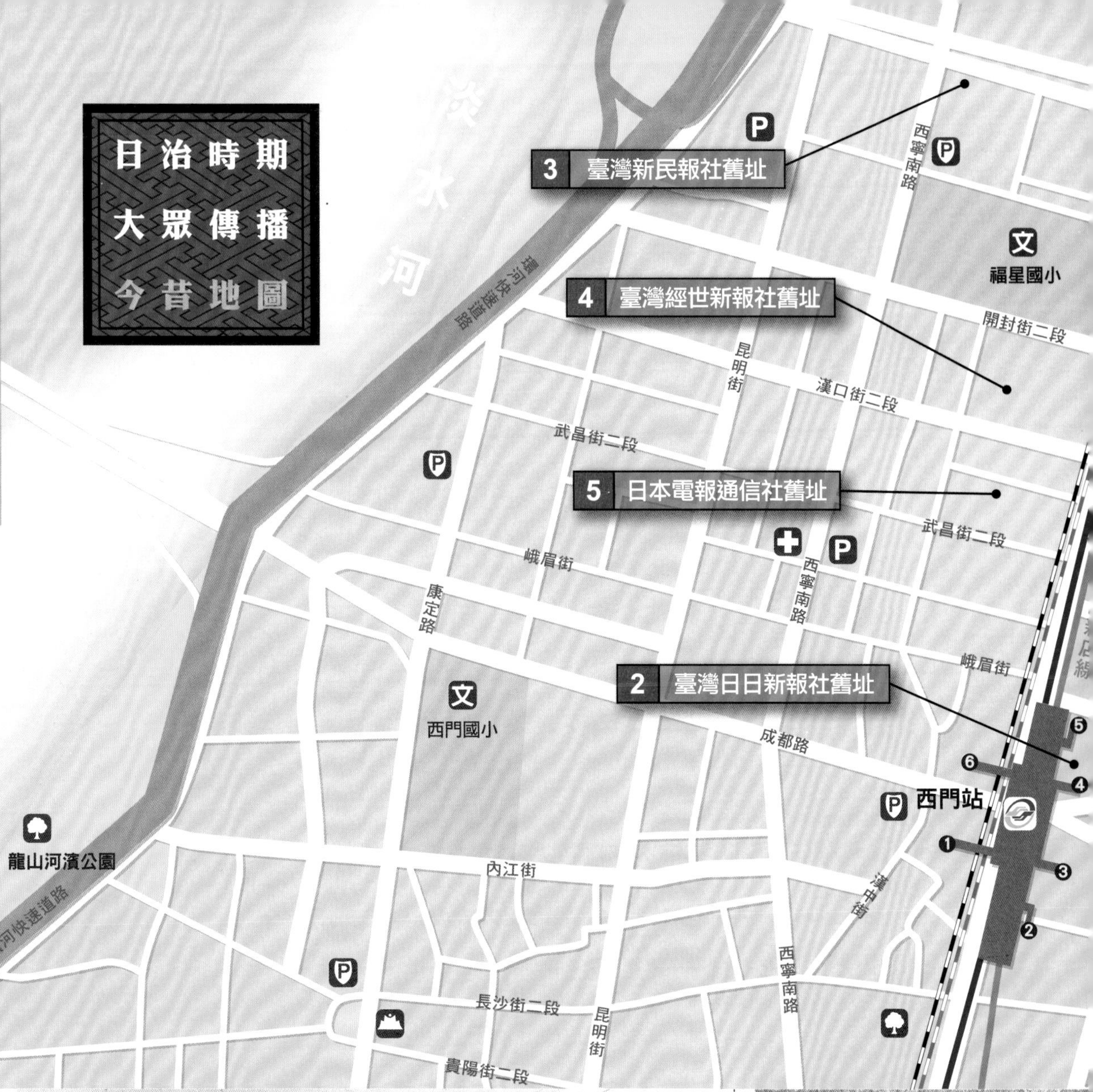

圖目錄 C-2

3 臺灣新民報社

臺灣新民報社前身為臺灣民報社，後增資改組為臺灣新民報，由林獻堂出任社長、林呈祿擔任編輯，日刊發行量曾達五萬餘份，在臺灣人之中頗具媒體影響力。

2 臺灣日日新報社

臺灣日日新報社位於西門町，原先為二層樓紅磚建築，後來增建為三層樓，戰後改為臺灣新生報、新生戲院，現址約為錢櫃臺北中華新館。

昔 1935 臺灣博覽會記念臺北市街圖

臺灣パック

パック即 Puck，為十九世紀末在歐美出現的幽默雜誌，內容以圖文漫畫諷刺調侃社會時事。《臺灣パック》於 1911 年發行，因批評人物而經常捲入告訴糾紛；曾於 1931 年舉辦珈琲店女給票選活動。

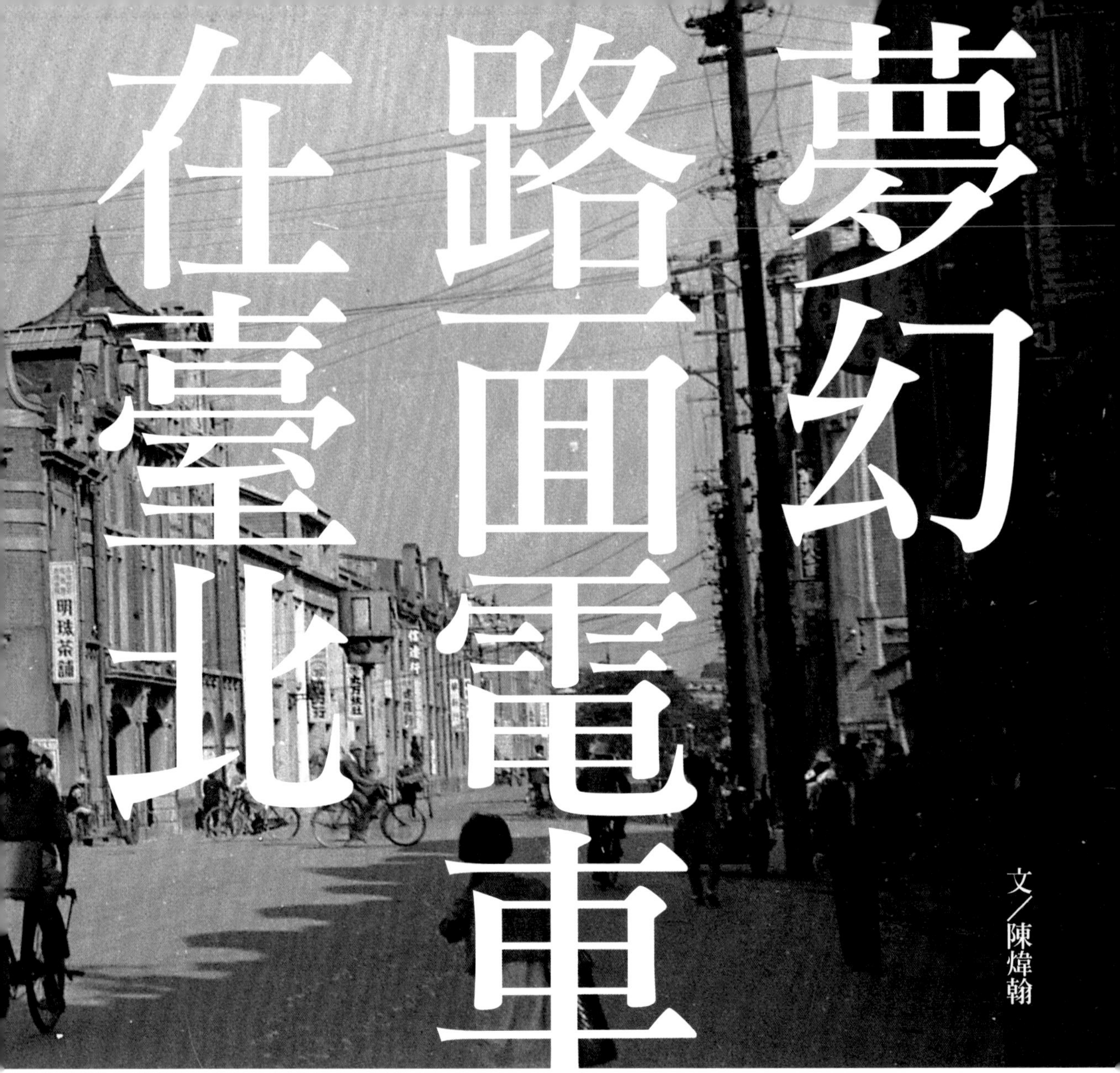

夢幻路面電車在臺北

文／陳煒翰

電影《練習曲》的那句經典名言「有些事現在不做，一輩子都不會做了」。放在歷史上看，還真有那麼一點味道，例如——路面電車in臺北。

搭過「電車」嗎？這裡指的不是捷運，也不是臺鐵，而是香港的叮叮車、東京的都電荒川線、很多歐洲都市都會有的Tram，或是高雄的輕軌電車。事實上，臺北理應有機會成為臺灣第一個擁有路面電車的城市，就在那歷史的詭譎與勢力的交織下，臺北的路面電車計畫宛若輕風吹過，絲毫不留痕跡，成為一段湮沒在時光中、不為人知的史話。

一九一〇年代中期後，島都臺北在日本殖民統治下，前期的積極建設已開始開花結果，呈現歌舞昇平、井然有序的現代都市風貌，人與人的交流日趨頻仍，市內的交通流動量，已經攀升到人力車也無法負擔的程度，因此，相關單位多次提出仿效日本本土城市興建路面電車的構想；但直到一九二八年春，臺灣電力系統已有負擔能力，這個計畫才正式具體公開，而且付諸討論與實施。

圖目錄 D-5

1 當年的榮町街景，若有電車通過會如何呢？

計畫啟動

臺北路面電車計畫的效仿範本，是當時人口數相近，位於九州南部的熊本市。為興建路面電車，一九二七年上任的市尹田端幸三郎延攬熊本市電氣局長松尾寬二籌畫這項計畫。臺北市府興建電車的理由，主要有四：

一、大稻埕、萬華、城內三市街對外需要有便利、便宜的交通工具。

二、臺北城需要比人力車「更文明」的交通工具，公車是其一，但不能忽略了路面電車。

三、市區要有非以營利為先，且快速、價格低廉的現代交通工具。

四、臺北市區地形平坦，沒有高山大河阻隔，建造路面電車很簡單。

在上述理由下，規畫出的電車路線共有四線。「中央線」**1**：自現今南昌公園附近的變電所出發，經愛國西路、博愛路後右轉忠孝西路至臺北車站；「東部線」**2**：從中山堂

後的延平南路、衡陽路口出發，沿衡陽路向東後北轉重慶南路、襄陽路、館前路及忠孝西路和中山北路，直至馬偕醫院，從此處往北則另稱「圓山線」3，通往今臺北市立美術館附近；「西部線」4：則起自大橋頭，沿延平北路、西寧南路、成都路、康定路，至萬華火車站前。

這個計畫乍看沒有問題，預計要在次年（一九二九）「昭和天皇登基御大典博覽會」前通車，但最大的阻礙此時橫亙眼前。

「錢」。

這個計畫最大的問題就是經費，總工程費需二百三十六萬餘圓，而當時小學教師一個月薪資約四十圓，年度市稅收入才不到百萬圓，因此，這筆龐大的經費多數將舉債支付，這樣的作法，加上一些重大瑕疵，讓計畫陷入了極大的爭議。

百年大計？

許多知名人士提出質疑，其中，最重要的即是經費太過於龐大，同樣一筆經費可以改善道路，還可以買更多的公車，甚至可以購買像倫敦一樣的雙層巴士；再者，臺北市中心路幅不寬，拓寬要錢，不拓則交通會更紊亂。而對很多臺灣人來說，路線的設計以城內日本人占優勢的地區為本位考量，繁華的本島人聚落雖然以西部線相接大稻埕與萬華，但比例明顯偏低；更不便的是，大稻埕居民若要利用路面電車前往鄰近的「城內」地區，卻必須要迂迴到西門町轉車，如此來看，這樣明顯只「爽」到日本人的路線規畫，對大多數人來說，就算新穎也沒有太多意義，而且還須花費大量的資金呢！與縱貫鐵道交錯處，還必須興建高架橋，更讓預算膨脹；當時的國際情勢，也傾向利用機動性高的公車取代路面電車……這些意見並非僅出自不懂工程的文人或臺籍民眾，連有「臺北機廠之父」之稱的速水和彥，也持類似意見。臺灣軍司令部參謀長佐藤子之助更明指：對軍方來說，當下預算拮据，可在戰時充作軍用的公車更佳。

贊成者當然也有話說，市尹親上火線釋疑，他承認造價昂貴，但也提醒眾人：電車能提供可觀運量、僅有前期投入成本較高的事實；電車可與公車相輔相成，達到發展大

眾運輸的目的；路幅也非問題，臺北市的路面寬幅已足夠，甚至還有亭仔腳可供行人通行，最重要的一點是：路面電車是城市發展的百年大計！

在社會輿論吵翻天的當下，當時的總督府交通局長木下信並未多作指示，只希望臺北市能慎重考慮，加上因尚未送審，所以他也沒有空間置喙，只維持中立立場。但臺北市政府看來勢在必得，債券的發行、建設的時程、細節等全盤計畫就緒，甚至還從日本內地找來了相關人員上班，只差「送審」這道行政流程，路面電車就能在一九二九年初開工，埋下第一根鐵軌了……

萬事休矣

事情當然沒有這麼順利，社會各界的雜音不斷，其中以臺灣民眾黨的蔣渭水等人抗議最力，因為這樣的建設舉債過大，對一般市民，尤其是臺灣人的好處十分微薄。市府當局除了一面釋出各種說帖外，也保證工程會以日本內地標準進行，技術問題也會解決，甚至表示：不僅票價不貴，還會營業至深夜，可刺激市街消費與景氣。但就算有這麼多的利多，仍蓋不過社會的質疑聲浪。於是在一九二九年五月，開工已延遲數月後，新市尹增田秀吉提出了變更計畫，縮減路線長度、鐵軌採用二手品，甚至電車也是日本本土的二手車，可省下近百萬支出。但就在這時，從熊本受延攬來臺的松尾寬二，似乎是因為感受到新市府的消極、成案渺茫而離開臺灣。在總督府也表明「無論如何不支持臺北市貸款」後，臺北市電車計畫就在沒有錢的情況下「自然消滅」，塵封進檔案櫃裡。

是不是跟現代捷運發展初期有點類似呢？反對者以路線選定、造價問題，以及「換算成公車多少輛」等理由反對；贊成者以「百年大計」、「城市發展」駁回。一九二九年的這場爭論，在數十年後起建捷運初期也曾發生，雖然不能一概而論，但軌道運輸建設昂貴，也是事實，以古窺今，或許還真有那麼點雷同也說不定。

2 1

1 京町市街為現今博愛路，是時已相當繁榮。

2 規畫中的東部線，起點即在公會堂（現中山堂）附近的臺灣日日新報社前。

淡水河
臺北橋站
大橋頭站
民權西路站
中山國小站
3 圓山線
雙連站
中山站
北門站
臺北轉運站
臺北車站
善導寺站
2 東部線
西門站
臺大醫院站
4 西部線
龍山寺站
萬華車站
小南門站
1 中央線
中正紀念堂站
古亭站
文化北路
正義北路
臺北橋
重新路
福和街
文化南路
正義南路
同安街
大同南路
民權西路
重慶北路二段
涼州街
延平北路二段
承德路
錦州街
民生東路一段
民生西路
中山北路
太原路
赤峰街
迪化街
延平北路一段
環河快速道路
長春路
天水路
南京東路一段
忠孝橋
長安西路
塔城街
市民大道
長安東路一段
林森北路
忠孝西路一段
中興橋
漢口街
重慶南路一段
館前路
南陽街
康定路
青島東路
公園路
中山南路
濟南路一段
林森南路
杭州南路一段
內江街
延平南路
博愛路
凱達格蘭大道
仁愛路一段
桂林路
信義路一段
愛國西路
杭州南路二段
和平西路二段
艋舺大道
愛國東路
金華街
莒光路
萬大路
西藏路
三元街
溫州街
和平西路一段
和平東路一段

路面電車
規畫路線
今昔地圖
昔 1930 臺北市地圖
3 圓山線
2 東部線
4 西部線
1 中央線

博愛天下

貧窮、米糧不足、叛亂與鎮壓頻繁……這些字句看起來像是描述現在的部分中東地區或阿富汗，但其實處於帝國邊疆地帶的清代臺灣，也符合這些條件。

在貧窮飢餓的土地上建置綠洲

一七八八（乾隆五十三）年，清代臺灣最大規模叛變林爽文事件之後，負責派兵鎮壓的福康安向乾隆皇帝上奏〈撫卹貧民疏〉，大致描述了這般景象：總人口九十一萬二千九百人中，高達二十二萬八千九百四十一人為極度貧困或孤獨殘疾者，八萬六千九百七十二人是急須撫養救助的未成年幼兒，其中包含不少棄嬰孤兒。

當時臺灣貧窮，米糧不足，卻依舊將米糧輸往對岸，以協助福建度過經濟危機，而中國東南沿海人口也不斷流向臺灣，更使臺灣糧食缺乏，不但釀成新的叛變，也讓許多貧窮人家拋棄嬰孩，特別是女嬰。

為遏止大規模棄嬰或販嬰的慘況，臺灣第一所育嬰堂於一七九六（嘉慶元）年設立於嘉義縣城的城隍廟左側。臺灣位處邊疆，中央不甚重視，地方官府資源不足，又無法遏止人口的流入與增長，所以經常需要地方士紳與富商的支持，以推動救濟事業。臺灣各地的育嬰堂，不論官辦或私辦，經費來源依然來自紳商。

即使在沒有戰亂的日子，貧窮依然存在，殺嬰、溺嬰、販嬰的風氣仍然盛行，仍然需要設置育嬰堂。一八七〇（同治九）年，人口激增的艋舺也設立了育嬰堂，稱為淡北育嬰堂，專門收容、撫養棄嬰、

圖目錄 N-7

孤兒及貧苦無以教養之嬰兒，地點位在今臺北市萬華區廣州街二〇〇號仁濟醫院，即華西街與廣州街交叉口旁。醫院門口處至今仍矗立有「淡北育嬰堂碑」。

進入日治時期，一八九九（明治卅二）年臺灣第四任總督兒玉源太郎在任時，淡北育嬰堂、養濟院、同善堂合併為「臺北縣立仁濟院」，院址在育嬰堂原址（當時畫入龍山寺町）。後又因地方改制，變更為「臺北仁濟院」2，並併入回春院、保嬰局。

與育嬰堂合併的這幾個機構，都設置於清末。「養濟院」成立於一八七九（光緒五）年，收容孤苦無依老人。「同善堂」則設立於一八八六年，是為停柩所，停放客死異鄉、無力殯殮的來臺官商兵勇，後也嘉惠渡臺窮民。「保嬰局」成立於一八六六年，初期救養女棄嬰，後改為救濟貧苦幼童。「回春院」成立於一八七五年，收容、救濟行旅病人。

這些機構在日治初期合併為仁濟院之後，救濟與收容的民眾，遍及幼弱、廢疾、傷病、老衰。在臺北、基隆、宜蘭、羅東設立診療所，實施定期巡迴施診，並於交通不便地區委託當地醫師進行義診，並收容行旅病人、結核病患者，補助盲啞教育及窮苦民眾之育幼教育經費。

一九二二（大正十一）年仁濟院另於崛江町（今西園路一帶）開設精神療養院3，並設置醫療所與監督室，是臺灣第一所專業精神病院。今萬華區西園路二段四二號、西園路與艋舺大道交叉口的公園內，仍留有當時的第一病房。戰後，臺北仁濟院登記為財團法人私立臺北仁濟救濟院，於醫療及社會救濟方面持續努力，增加多個附設機構：附設仁濟醫院、附設仁濟安老所、附設新莊仁濟醫院。

愛愛寮與臺北更生院

一九二〇年代初，為了在第一次世界大戰後的動盪局勢下維持穩定，日本當局在本土與殖民地都開始大規模推動近代化的社會事業。在臺灣，除設法將原本從清領時期繼承下來的社會救濟機構擴大規模外，也進行大量的調查，與增設新的社會救濟機構。位於仁濟院不遠處的愛愛寮4，就是在這波社會事業興起時建立的乞丐收容所。

1 淡北育嬰堂，位於今臺北市萬華區廣州街二〇〇號仁濟醫院，該醫院門口處仍矗立著從清代保存至今的「淡北育嬰堂碑」，為文資法保護的古物。
2 臺北仁濟院設有收容救養室、醫務室、墓地等設施。
3 仁濟院的醫療病房，由稻江醫院的醫生和藥劑師為病患診療。
4 療養者在食堂用餐，臺北仁濟院共可容納三十七人。

愛愛寮創辦人施乾，生於日治時期的一八九九（明治卅二）年，剛好是日本當局下令嚴禁人民在市街求乞的那一年。當時全臺灣乞丐近千人，清代留下的乞丐寮破舊衰敗，日治初期也未設置新的乞丐收容所，導致蓬頭垢面、衣衫襤褸的乞丐流浪各地，或者疾病纏身，或者淪為竊賊罪犯，強乞、勒索、吵擾打鬥，警察一出現就望風而逃，一旦被捕，則遭受無情毆打。

施乾出身富裕、品學兼優，一九一九年受聘進入臺灣總督府殖產局商工課擔任技手。一九二一年總督府通令全臺振興社會事業，要求各地進行貧民調查，施乾奉派到艋舺（日後的萬華）一帶進行「細民」（日語「貧民」）調查，進一步了解乞丐真實處境，甚至遇上一家三代行乞的慘況。原本只負責進行調查的施乾，決心全力幫助乞丐，甚至辭去公職，投入照顧與教育並行的乞丐收容事業。一九二三年，施乾廿四歲時，創立乞丐收容所「愛愛寮」，自己也搬了進去，地點在今臺北市萬華區大理街一七五巷廿七號。即使經費短缺，生活條件相當克難，施乾與他的家人仍堅持比一般收容所做得更多更好，不但照顧到院民的基本需求、服裝儀表，並且關注教育與心靈提昇層面。

為了戒除部分院民吸食毒品的不良習氣，愛愛寮也與杜聰明醫師所管理的「臺灣總督府臺北更生院」[1]合作，以漸進方式協助吸毒者戒斷毒癮。負責矯治鴉片毒癮與麻藥中毒者的臺北更生院，則設立於一九三〇年，院址在大稻埕日新町三丁目五十番地（今臺北市大同區涼州街二八號，重慶北路與涼州街口）。

除施乾本人外，元配謝惜也為愛愛寮耗費許多心力。謝惜於一九三三年因操勞過世，之後，日本籍的清水照子於一九三四年成為施乾第二任妻子，同樣為愛愛寮的事業盡心盡力。一九四四年日本戰敗前夕，施乾因腦溢血過世，清水照子繼承遺志扛下重擔。

一九四五年日本戰敗後，清水照子原本應隨七十萬在臺日人遣返回國，但因院民一再挽留，清水照子於是選擇歸化中華民國國籍，以便留在臺灣繼續未竟事業，直至二〇〇二年過世。現在的愛愛寮，改名為私立「愛愛院」，轉型為老人安養院，並於原址另建新大樓，以另一種型態持續進行社會福利事業。

而協助愛愛寮矯治煙毒的臺北更生院，則另有一番黯澹的故事。

更生院在日治後期居於戒毒指揮中心地位，與全臺各總督府所屬醫院附設的更生科或矯正科合作。至戰後一九四五年，由臺灣行政長官公署任命杜聰明接收，成立臺灣省立戒煙所，並移往省立臺北醫院設立特別病房，繼續施行改煙矯癮治療。更生院原址成為憲兵第四團團部所在地，該團於一九四七年二二八事件後負責掃蕩、清鄉等鎮壓任務。一九五〇年起憲兵司令部設於此地。一九五四年改為「光復大陸設計委員會」會址，直到一九九一年該機構被裁撤。

一九九五年臺北市政府原本要將更生院舊建築指定為市立三級歷史古蹟，但在古蹟公告前夕遭到產權所有者（中央官股掌控之第一商業銀行）拆除，現已不存。

大稻埕救濟機構今昔地圖

昔 1935 臺灣博覽會記念臺北市街圖

1 臺北更生院

負責矯治鴉片毒癮與麻藥中毒者的臺北更生院，於一九三〇年設立於此，位於重慶北路與涼州街口（涼州街二八號）。戰後初期，曾作為憲兵第四團團部，負責鎮壓與殺害反抗者的任務。後來又作為憲兵司令部等軍政單位辦公處。一九九五年時臺北市政府原計畫公告為古蹟，卻在公告前夕遭產權所有者第一商銀拆除。現改建為停車場與商業大樓。

圖目錄 C-25

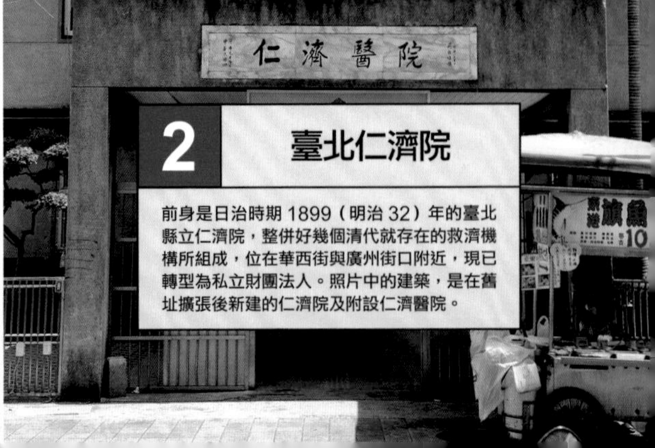

2 臺北仁濟院

前身是日治時期 1899（明治 32）年的臺北縣立仁濟院，整併好幾個清代就存在的救濟機構所組成，位在華西街與廣州街口附近，現已轉型為私立財團法人。照片中的建築，是在舊址擴張後新建的仁濟院及附設仁濟醫院。

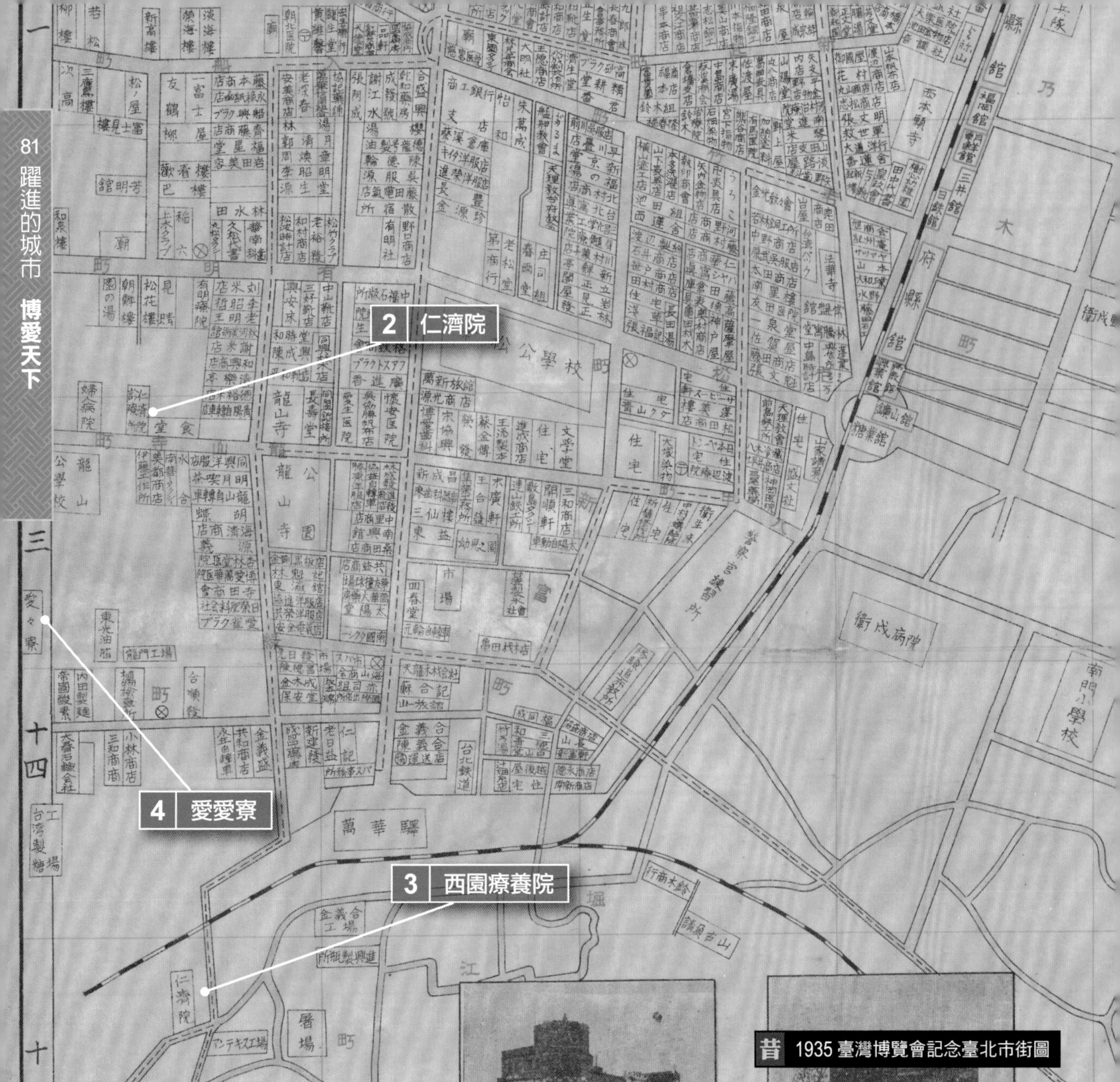

昔 1935 臺灣博覽會記念臺北市街圖

4 愛愛寮

一九二三年成立的「愛愛寮」，現在是重建後的「私立愛愛院」，位於大理街一七五巷二七號。

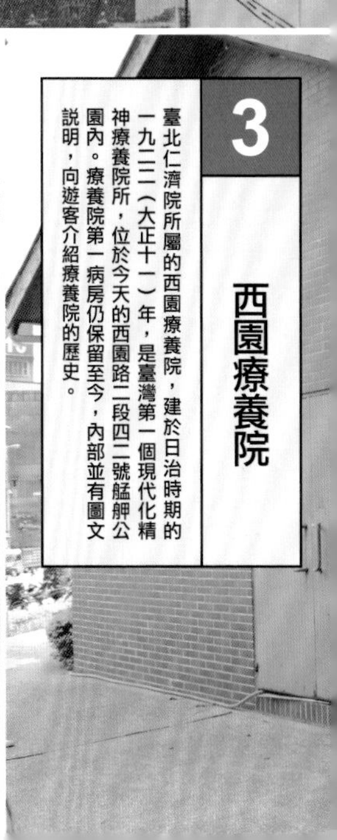

3 西園療養院

臺北仁濟院所屬的西園療養院，建於日治時期的一九二二（大正十一）年，是臺灣第一個現代化精神療養院所，位於今天的西園路二段四二號艋舺公園內。療養院第一病房仍保留至今，內部並有圖文說明，向遊客介紹療養院的歷史。

失業、漂泊與金錢的臨時空缺

日治時期殖民政府在臺灣推行近代化建設系列工作時，於一九二〇年代初逐步設置「職業紹介所」（職業介紹所）、「簡易宿泊所」，以及「公設質舖」（公營當鋪）等社會事業。

第一次世界大戰（一九一四至一九一八年）導致一連串經濟與政治動盪，在日本本土以及殖民地臺灣、朝鮮等地都造成影響。一九一八年七月至九月日本爆發「米騷動」，參與者超過兩百萬人，由於一九一七年剛發生二月革命，俄羅斯沙皇遭推翻，以及共產主義十月革命，使日本政府大為緊張。一九一九年朝鮮爆發反殖民「三一運動」，臺灣則有反對總督獨裁的議會設置請願運動。這等情勢使日本開始重視本國與殖民地的社會事業或經濟保護事業：在經濟上防貧，以消除社會底層的抗議聲浪；在政治上，則有消弭殖民地人民不滿的意圖，同時也有推動殖民地近代化的「教化」作用。

在臺灣，日本當局於一九二一年八月設立臺中市職業紹介所、臺南市職業紹介所。一九二二年設立臺北市職業紹介所[5]，受臺北市役所管理，同年高雄也設置職業紹介所，之後基隆也設置了同樣的機構。此五個職業紹介所層級皆為市立，為「州」的下一級單位。總共服務求職六七九四人，求才四五六三人，介紹六二二三人，就職四一五一人，就職者中日本人為三四二〇人，臺灣人七二六人。當時服務對象主要為日本人。

臺北市職業紹介所一九二二年成立時，位於明石町游泳池隔壁（今南陽街、許昌街口附近），是日本人聚集區，所以臺灣人很少使用，市役所因而想將之遷移至離臺人區域更近的位置。一九二七年，位於御成町的「簡易宿泊所」剛完工（今長安西路十五號），市役所於是將性質相近的職業紹介所也遷到這裡的一樓東側。職業紹介所每年為兩千餘名失業者介紹工作，約有七成五的求職者接受工作安排。簡易宿泊所於該年七月開始運作，其功能在於提供困頓漂泊之人暫時棲身，全棟可容納十六人住宿，一泊十八錢，比高級旅館三圓、五圓的價格便宜二、三十倍。每年約有三千人利用。

到了一九三〇年，這棟建築的一樓西側，又搬入了「御成町公設質舖」。公設質舖即公家當鋪，是給窮人方便的「庶民金融」機構。日本國內最早於一九一二年宮崎縣開設，殖民地朝鮮則在一九一九年設置於全羅北道全州郡，臺灣接著於一九二〇年代引入。臺北市的公設質舖於一九二〇年七月開設於大和町，大約位於今天的中山堂旁臺北市警察局附近，由於使用率高，十年之後的一九三〇年增設了御成町公設質舖。

戰後一九四五年，御成町的這棟建築作為臺北市公共衛生的執行場所，稱為臺北市衛生院，經過數度更名與升格，一九六七年更名為臺北市政府衛生局。一九九四年，因應臺北市政府從市府舊廈遷出，衛生局亦遷入萬華區西門町附近，所留舊址於一九九八年以「臺北市政府衛生局舊址」的名義公告為古蹟。二〇〇〇年，臺北市政府將其建物移交社會局接管，並計畫將該場所挪用社會救助使用。二〇〇二年，臺北市政府利用部分公益彩券提撥的法定福利基金修繕該舊址，至隔年八月，全臺灣第一所「身心障礙福利會館」就在此成立，並對外開放。

臺北救急機構今昔地圖

5 職業紹介所、公設質舖

這棟建築於 1927 年落成，作為職業紹介所、簡易宿泊所、公設質舖。戰後曾作為臺北市衛生院、臺北市政府衛生局使用，1998 年以「臺北市政府衛生局舊址」名義公告為古蹟，現在則是身心障礙福利會館。地址為長安西路 15 號。

大事件

一九二〇年代臺北社運據點

文／郭怡蓁

圖目錄 K
i=6724910

1928年2月19日，臺灣第一個全島性工會組織「臺灣工友總聯盟」於臺北蓬萊閣創立。

臺灣空前葬式

一九三一年八月二十三日，天氣微陰，大稻埕永樂町市場前百來枝弔旗隨風飄揚，白簇簇的花圈排滿街道，引導人們進入永樂座 1 。向來作為劇場使用的永樂座，此時擠滿了兩千多名來自各地的民眾，穿著制服的警察在人群中特別顯眼。會場前方寫著「精神不死」、「解放鬪將」、「大眾干城」的輓聯包圍遺像，肖像裡的人物眉目俊朗間帶點憂悒，似乎還在為臺灣的前途苦苦思量。

告別式從上午八點半開始，在警察多次干涉宣讀遺言與弔詞後，於十點半結束。五千多人組成的送葬行列，由「故蔣渭水先生之臺灣大眾葬葬儀」靈旗帶領，從永樂座出發。這時天空暗雲低迷，開始飄落雨滴，行列中的男女老少都是為了向有「文化頭」之稱的蔣渭水醫師致敬前來，即使遇雨也不散去。

斯人斯地，知識的啟蒙

長長的隊伍蜿蜒在舊南街（今迪化街南段）上，兩旁的樓房多半於一九二〇年代陸續落成，仿巴洛克式風格的雕花磚牆上，掛著販售南北雜貨、茶葉、藥材與布匹的招牌。隔鄰的港町（今貴德街）緊貼著淡水河發展，茶行、洋行林立，蔣渭水與林獻堂等人創立的「臺灣文化協會」在此成立「港町文化講座」2，由文協幹部、旅外青年擔任講者，舉辦歷史、衛生、法律、家庭等講習，開設讀報社，辦理讀書會，以啟蒙民眾。

送葬隊伍走在太平町（今延平北路）中，這裡是臺灣人聚集的街區，樓房堆疊，人口稠密，許多知名臺籍律師和醫師都選擇在此地執業。出生在宜蘭的蔣渭水原本要在故鄉開業，為結交天下豪傑方便活動，一九一六年在太平町承租三間二樓店面，開設大安醫院4。一九二〇年他將北側店面改設文化公司，販售中日圖書雜誌，吸引不少關心社會的朋友前來聚會。最後在友人的慫恿下，開始擴大文化事業，組織行動團體。自認號召力有限的蔣渭水，邀請長期支持臺灣政治社

會運動的霧峰大地主林獻堂共組文化團體。一九二一年十月十七日，以「圖謀臺灣文化之發達」為宗旨的臺灣文化協會，在大稻埕靜修女學校9禮堂舉行成立大會，本部就設在大安醫院。

文化公司後來改成有「臺灣人喉舌」之稱的《臺灣民報》總批發處。一九二六年臺灣民報社6遷往下奎府町（今太原路），蔣渭水在原址設置文化書局，販售新文化思潮書刊。隔年，連橫也在太平町開設雅堂書局，專營漢文圖書及文具。這兩家書店展售的漢文書籍及中國革命、殖民地運動、世界思潮叢書，提供社會運動者尋找策略，持續前進的動力。

文協在全臺各地推動文化活動，不僅促使社會風氣轉變，也鼓舞了青年學子，他們在各地組織青年團體，發起學生運動。同時，受到世界情勢影響，社會主義、共產主義、無政府主義開始在臺灣流行。大稻埕是無產青年活動中心，青年們在蔣渭水等人主導下成立團體，研究社會問題、參與工農運動。文協內部也因路線衝突，而於一九二七年年初分裂，蔣渭水與蔡培火、謝春木等舊文協

幹部在同年七月另組「臺灣民眾黨」，這是臺灣史上第一個政黨。

志業未成猶聚人心

送葬行列特別繞經蔣渭水的住家，也是臺灣社會運動北部大本營——大安醫院，進行最後巡禮。再從石橋仔頭（今延平北路、長安西路、天水路交叉口）轉往半年前才被總督府下令解散的臺灣民眾黨本部 5 。沿途陰雨綿綿，路旁民眾築起厚實人牆靜觀默哀，當局卻派出八十名武裝警察沿途取締，讓人心生不滿，於是「死渭水，嚇破活總督」的耳語就在人群間擴散。

走出路口，經過圓環，離夜市營業時間還早，小吃店裡很安靜，倒是不遠處的江山樓 8 與蓬萊閣 7 的爐火早已燃起，刀鏟飛舞聲響。這兩間與蔣渭水早年開設的春風得意樓 3 齊名的酒樓，裡頭設有包廂與大禮堂，提供臺灣料理和藝旦陪侍，也是社運者聚餐集會的重要據點。蔣渭水因「治警事件」入獄前，同志為他在江山樓舉辦送別會，他提倡組織的「臺灣工友總聯盟」在蓬萊閣成立，《臺灣民報》改組事宜也在蓬萊閣商議，更不用說林獻堂每回從霧峰北上，必定到江山樓或蓬萊閣與同志聚會。在杯觥交錯間，革命大業就此定下。

從圓環來到新店尾（今民生西路、寧夏路口），雨勢忽然傾盆而下，送葬者全身濕透，仍繼續前行，無人走避，直到馬偕醫院 10 前隊伍才解散。之後由親友百餘人護送靈柩至大直山公墓 11 安葬。

這場群眾自發相送的「大眾葬」，一路行經蔣渭水和同志曾馳騁縱橫的大稻埕。他們懷抱壯志，從大稻埕出發，走到島嶼的每一個角落，以語文喚起同胞自覺，用行動帶領民眾爭取公義。雖然一九二〇年代風起雲湧的政治社會運動，在殖民政府強力壓制下偃旗息鼓，可是「同胞須團結，團結真有力」的吼聲自此響徹臺灣，餘音不絕。

1 臺灣工友總聯盟成立當天，蓬萊閣會場內的景象。
2 太平町通（今延平北路一段到二段）是大稻埕一帶商業聚集之處，本照片左側可見到春風得意樓的招牌。
3 一九二九年元旦起，臺灣民眾黨召開「黨務磋商會」，對黨員進行訓練，並攝下這張位於日新町（今民生西路上）本部前的合照。舊本部因過於狹隘，一九三〇年搬遷至建成町（今天水路四五號）新址。

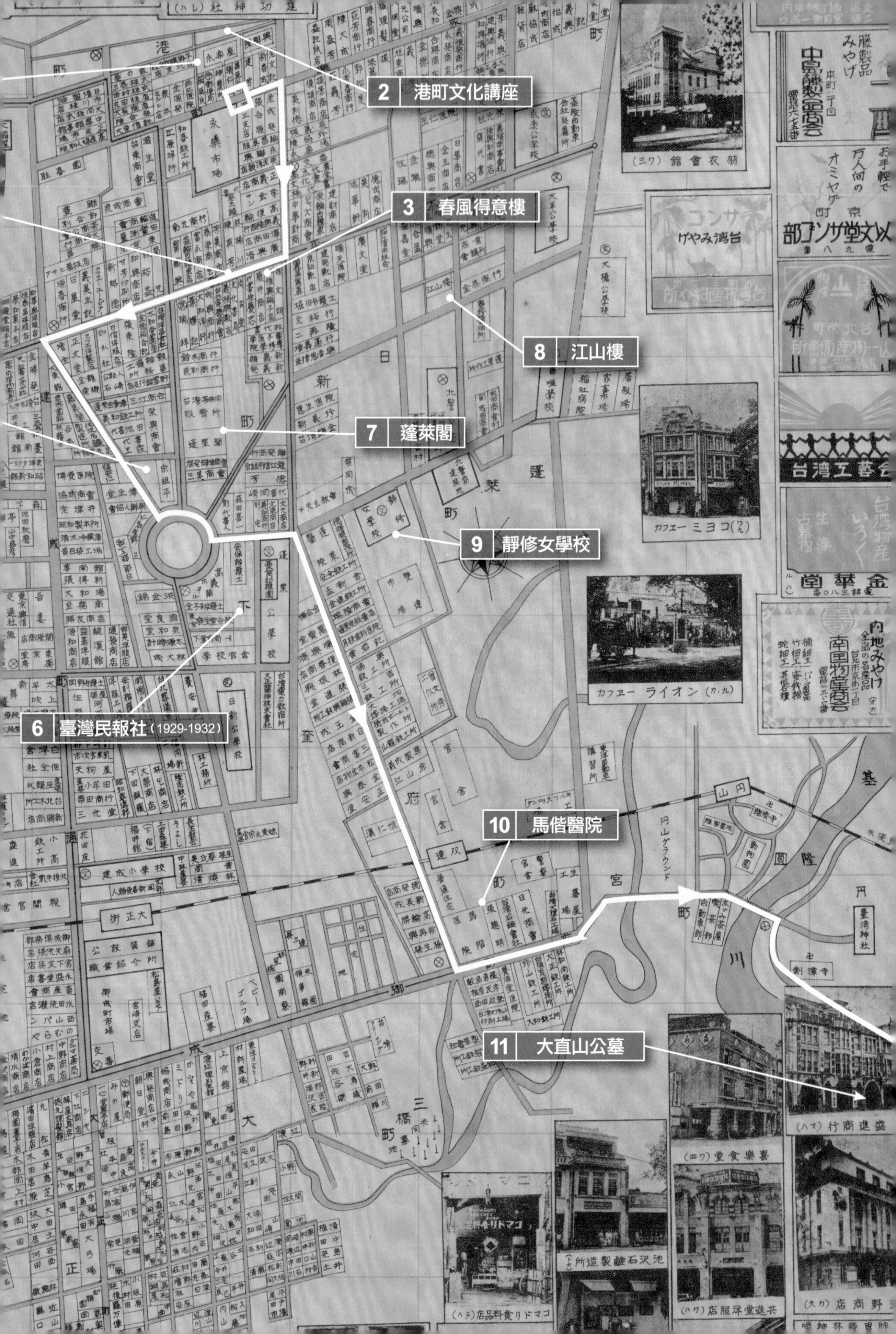

2 港町文化講座
3 春風得意樓
8 江山樓
7 蓬萊閣
9 靜修女學校
6 臺灣民報社（1929-1932）
10 馬偕醫院
11 大直山公墓

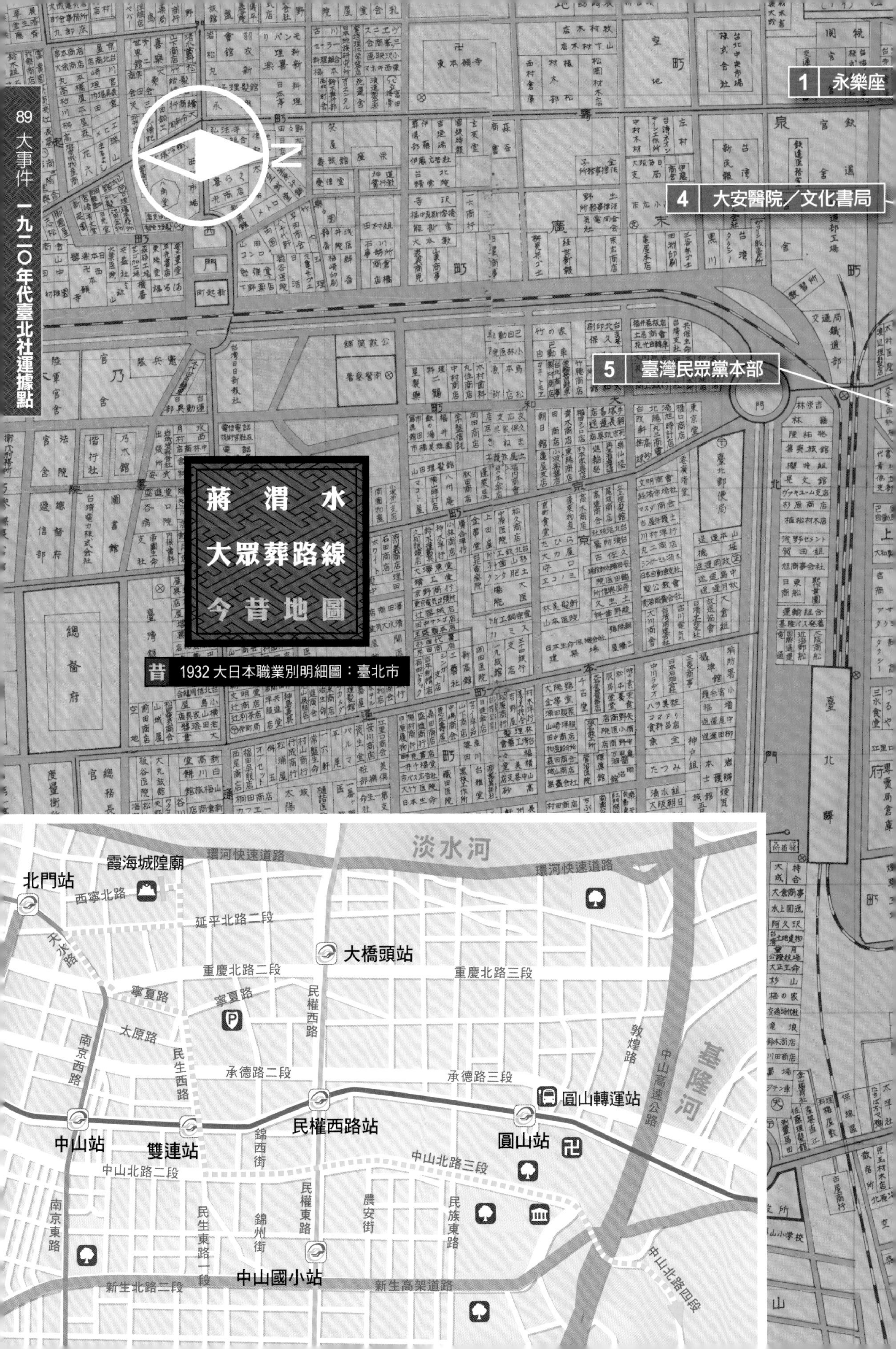
蔣渭水
大眾葬路線
今昔地圖
1 永樂座
4 大安醫院／文化書局
5 臺灣民眾黨本部
淡水河
環河快速道路
霞海城隍廟
北門站
西寧北路
延平北路二段
天水路
大橋頭站
重慶北路二段
重慶北路三段
寧夏路
民權西路
太原路
南京西路
民生西路
承德路二段
承德路三段
敦煌路
中山高速公路
基隆河
圓山轉運站
中山站
雙連站
錦西街
民權西路站
圓山站
中山北路二段
中山北路三段
南京東路
民生東路一段
錦州街
民權東路
農安街
民族東路
中山國小站
新生北路二段
新生高架道路
中山北路四段

昔 1932 大日本職業別明細圖：臺北市

經濟供需

人民欲求導向經濟活動，擷取亮麗時代切片，一窺過往繁華。

茶迷大稻埕

烏龍茶風靡全球

原先只是村落規模的大稻埕，一八五三年「頂下郊拚」後成為同安人聚居之所，歷經幾年經營發展，再加上一八六〇年淡水通商開港，搖身一變為物資集散、經濟繁榮的街區。其中茶產業與貿易在此急遽發展：來自蘇格蘭的商人約翰．陶德（John Dodd）與來自廈門的買辦李春生，兩個異鄉人一前一後來到臺灣，攜手推動一系列產業化工作，開創一段臺灣茶葉飄香全球的歷史，被稱為「臺茶之父」。

產業帶動城市發展

陶德於一八五九年抵達香港，一八六〇年到臺灣進行第一次的調查，一八六四年再次來臺，從此展開將近三十年的在臺生活。另一方面，李春生於十五歲時加入基督教長老教會受洗，這使得因出身微寒而幾乎沒有接受正規教育的他，卻有卓越的外語能力，同時成長後他也自修漢學，加上經商能耐，使他很快就能以買辦身分活躍於廈門商界。

一八六五年，李春生在英商怡記洋行店主愛利士（Elles）介紹下，來到臺灣受聘於陶德的寶順洋行（Dodd & Co.）。由於陶德在調查樟腦過程中也同時觀察到野生茶種，以及拳山、海山二堡的種茶現狀，發現臺灣土壤、氣候皆適宜種茶，現有茶樹品質也很優良，茶產業極有發展潛力。同時李春生也具有茶葉生意經驗，對福建一帶的茶產業發展較為熟悉，因此，兩人便開始在北臺灣推廣種茶。

在當時，僅有少量粗製茶自家飲用的習慣，並沒有大規模茶產業。而陶德打算推廣

圖目錄 G-5

種茶的木柵一帶，主要種植經濟作物藍染原料大菁，利潤頗豐，要說服農民改種茶樹並不容易。陶德首先試辦收購現有粗茶與老臺茶運往廈門精製，後又引進茶鄉福建安溪的茶苗，提供貸款給農民購買、李春生也協助輔導農民栽植，陶德同時承諾收成後他將全數收購，大大增加農民投入新產業的信心。接著為改善茶葉品質，陶德投資製茶設備、從福建引進製茶師與茶工、設茶館進行精製加工，使原本粗製後僅能出口至廈門的臺茶，提升為精製而遠銷美國的「精選臺灣烏龍茶」（Choicest Formosa Oolong tea）。臺灣茶葉的價格也從原先的每擔十五元、變成每擔三十元，一年之間就足足漲了一倍，大稻埕的商業發展進入新階段。

由於茶業推動順利、價格也翻倍，洋商紛受吸引來臺設行開棧，自一八七〇年起，陸續有德記洋行（Tait & Co.）、和記洋行（Boyd & Co.）、水陸洋行（Brown & Co.）、怡記洋行（Elles & Co.）及其他

1 茶廠忙著在茶箱中裝填茶葉以便出口遠洋，照片中的茶箱應為四十磅裝的「半箱」。

2 從淡水河往大稻埕埠岸望去，林立著許多洋行與大使館。畫面右起依序為獨逸（德國）領事館、德記洋行、和記洋行。

圖目錄 N-21

洋行來到大稻埕，並與寶順洋行合稱「五行」，在此設洋行、蓋洋樓，開始大規模投入茶葉生產。同時，本地華商也對此新興商機感到極大興趣，逐步參與種植、採摘、粗製、精製、外銷輸出等環節，並匯聚到大稻埕，使大稻埕搖身一變為商業、貨運重鎮，連帶文化、宗教等各方面也百花爭鳴，成為當時北臺的大城市。

圍繞茶葉而生

不但茶產業本身發展蓬勃，其他相關產業也應運而生，包括茶業金融貸款兼營茶葉加工的媽振館（merchants）、進行茶葉精製的「番莊」或「鋪家」、包辦茶箱製作與繪製茶箱畫的箱子館（packers）……等。在當時茶箱有標準規格，四十磅裝稱「半箱」（half-chest），約等於三十臺斤，尺寸多是四十至六十公分立方或長方體，另還有二十磅裝的「四分之一箱」（quarter chests）與更小的「十磅箱」（10lb. boxes）。由於茶葉須保持乾燥，因此茶箱著重防潮結構，以鉛焊接成方形容器，外層釘上杉木板成木箱，置入用油紙包裝的茶葉後，最後以鉛密封並蓋上箱蓋，讓茶葉歷經遠洋航程後依然能保持品質。

除了機能性裝置外，茶箱外還會繪製圖案，並題上產品名稱、出品商行等等，帶有品牌商標與廣告的意涵。茶箱畫內容多半表現產地特色，例如描繪當地的花鳥與特有動、植物，或是風景、知名的地景，有時也會有出產國的文化圖騰，例如牡丹、彌勒佛、寶船、龍虎等等。茶園景象也經常是描繪的主題，根據美國博物學家史蒂瑞（Joseph Beal Steere）記載，當他一八七三年抵達淡水，參觀寶順洋行時，看到封好的茶箱貼妥包裝紙，「畫師隨即上畫，他們不僅僅描出紅、白兩色的漢字，也繪出茶農的工作及生活情形，其中更有生番出草、砍下茶農頭顱的畫面！」因為這樣豐富而具特色的內容，所以不僅茶葉是深受洋人歡迎的飲料，茶箱與茶箱畫也成為洋人收藏的對象。

圖目錄 N-21

圖目錄 N-21

圖目錄 N-21

圖目錄 N-21

而製茶生產成本中，人事成本如耕種、採製即占五成以上，大量需求勞動力對大稻埕以至於北臺帶來鉅大影響。其中，從粗製毛茶中揀除黃葉、細枝梗以便精製，技術力低但需要細心，對一般農家視為剩餘勞動力的女性，便成為投入的最適人選。在清末臺茶發展時期，揀茶女人數需求之高，大茶行在忙季時可雇用一百至三百名揀茶女，而大稻埕的大小茶行達一百五十家以上，再加上幾個大洋行，平均每日雇用揀茶女超過二萬人。除鄰近農村外，淡水河對岸的三重埔與其他鄉鎮、甚至大陸漳、泉等地，都有遠渡而來投入茶季生產的揀茶女，而茶的豐厚收益，甚至可讓茶行補貼她們的旅費。不但在北臺與福建之間產生人口流動，也為當時女性的工作型態帶來新的可能性。

商業組織與洋館街區

一八八四年清法戰爭後臺灣設省，首任巡撫劉銘傳積極進行「洋務」改革，對於商貿興盛、洋行林立的大稻埕，也推動相關軟硬體事務。他希望將大稻埕闢建為商業區與外國人居留區，因此邀請富紳林維源與李春生共組建昌公司，於一八八七年投資興建建昌街與千秋街 3 ，地點在今日的貴德街。這個號稱臺北第一條洋樓街的街區，是一整排兩層樓連棟的街屋店舖，多為洋商租用，包括知名的怡和洋行、德記洋行，都在此設立倉庫與辦公處。從現今眼光來看，貴德街街幅甚窄，但其實兩側建築各自倚傍淡水河與運河（今西寧北路），貨物裝卸十分便利。相對之下，後興建的六館街 4 則是整齊開闊。從港口（今大稻埕碼頭）直到靠近北門旁邊的河溝頭一帶，美國、丹麥、荷蘭、法、英、德等國皆在此設立領事館。在商業組織方面則推動業者於一八八九年組成茶郊永和興 2 ，即茶業的同業公會，目的在自律與共濟，解決因茶業利潤豐厚所產生粗製濫造、混充假冒的弊端，改良製程與買賣方法，相關產業如茶箱製造亦納入公會規約，維護臺茶聲譽，共謀茶業興隆。同時也對製茶職工的疾病死亡施以救濟。茶郊永和興後隨政權更迭而不斷轉型，如今為「臺北市茶商業同業公會」，是目前臺灣歷史最悠久的同業公會。

經濟產業帶動城市區域興起，雖然隨時代發展，臺北市重心逐漸東移，但這些留下來的有形建築，與乾茶布藥依然活絡的商貿，仍可窺見清末大稻埕茶業風靡的面貌。

圖目錄 C-10

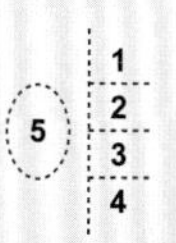

1 投入揀茶的勞動力，以十四至十八歲的少女為主。
2 洋行中正在進行茶葉評鑑，茶湯、口感、葉片等都是評選項目。
3 自山上遠望淡水港與觀音山。
4 清末滬尾聚落與淡水河出海口。
5 茶業生產人力需求高，在茶園與茶行都可見到大量女性投入。

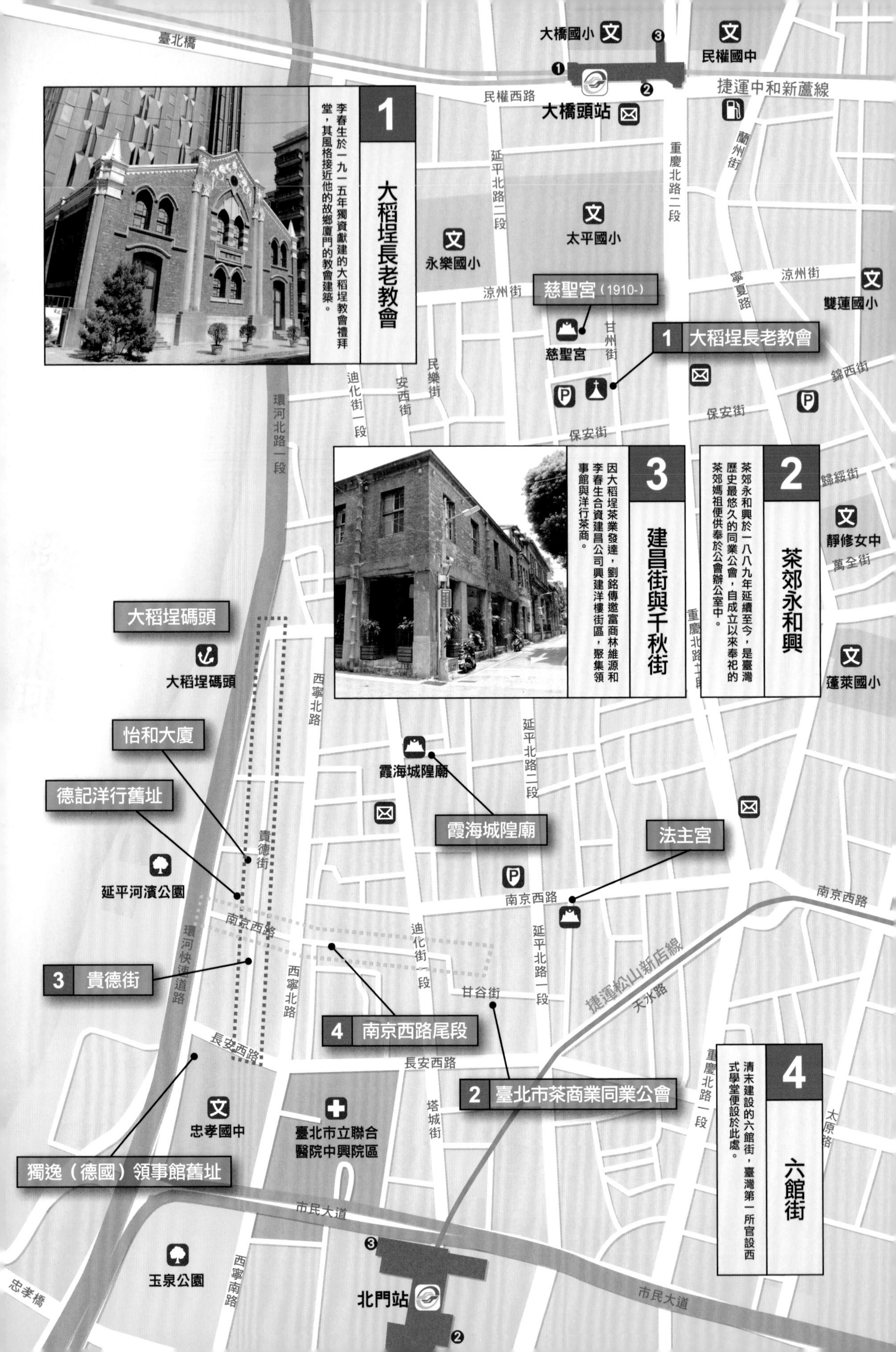

1 大稻埕長老教會

李春生於一九一五年獨資獻建的大稻埕教會禮拜堂，其風格接近他的故鄉廈門的教會建築。

2 茶郊永和興

茶郊永和興於一八八九年延續至今，是臺灣歷史最悠久的同業公會，自成立以來奉祀的茶郊媽祖便供奉於公會辦公室中。

3 建昌街與千秋街

因大稻埕茶業發達，劉銘傳邀富商林維源和李春生合資建昌公司興建洋樓街區，聚集領事館與洋行茶商。

4 六館街

清末建設的六館街，臺灣第一所官設西式學堂便設於此處。

大稻埕茶業今昔地圖

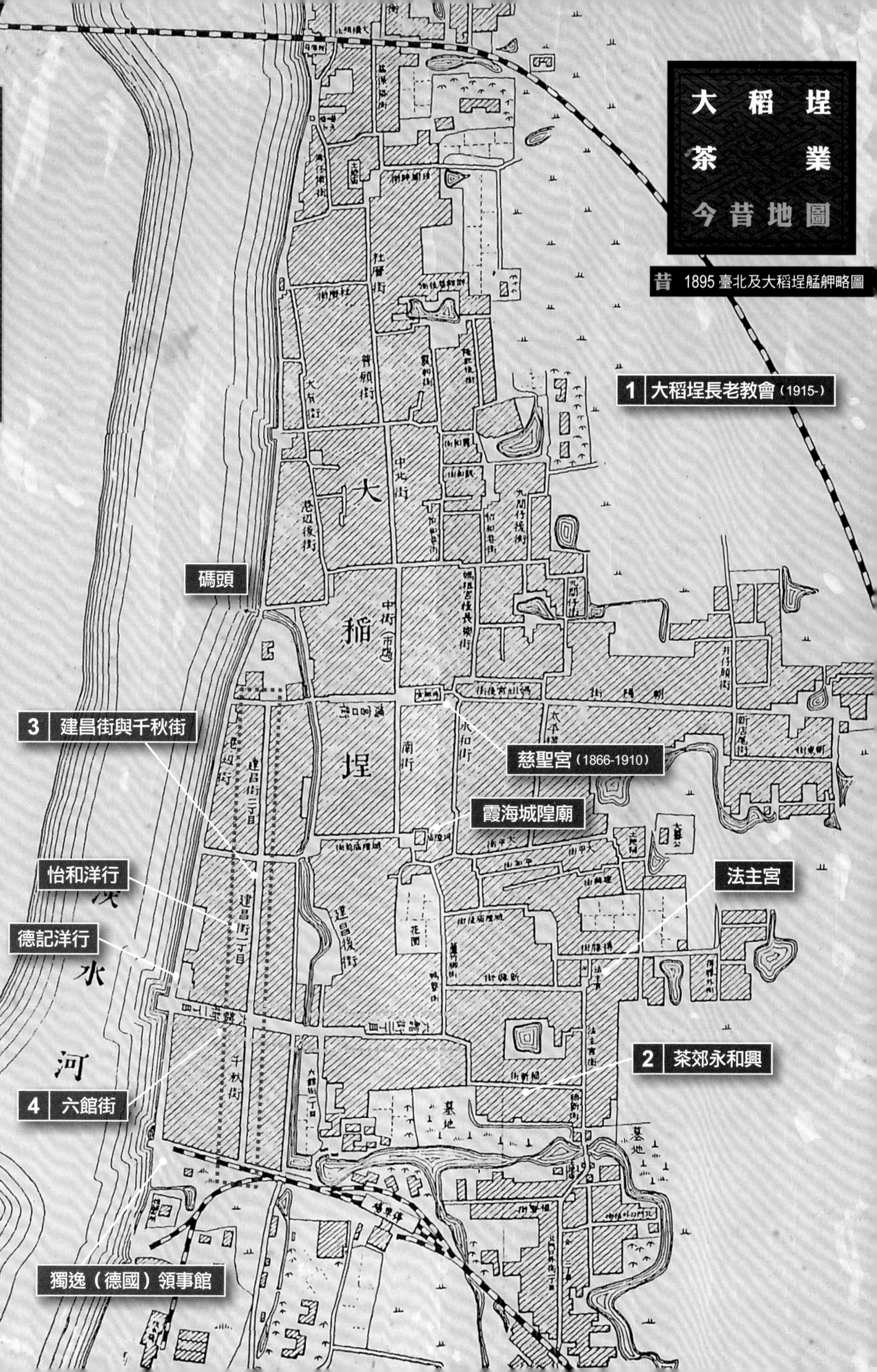

昔 1895 臺北及大稻埕艋舺略圖

專產專賣的生財之道

文／郭怡棻

圖目錄 C-24

兼顧政經目的

一九二〇年代的臺北，房子低低的離天空很遠，灰撲撲的屋舍間錯落幾棟嶄新的西式官廳建築，低平寧靜的天際線，有數根煙囪拔高竄出，終日吐露冉冉黑煙。煙霧裡夾雜著微微的酒精、菸草與樟腦芳香，不斷往城市四周飄散開來。這幾根矗立在臺灣總督府專賣局直屬工廠的煙囪，連接著整日燃燒的鍋爐，千百名員工在廠房內揮汗工作，製造出一箱又一箱的樟腦、鴉片、香煙、酒類……從臺北運銷海內外，賺取巨額利潤，使臺灣財政走向獨立，不再需要日本挹注。

日治時期，臺灣總督府為充實財政、管控市場，以及透過分配經銷利權攏絡在臺日人和地方仕紳，從一八九七年起經營專賣事業。最初僅有鴉片列入專賣，而後增加食鹽、樟腦，一九〇一年「臺灣總督府專賣局」**1** 成立，總攬專賣業務，專賣品項擴及菸酒，營收連年高漲。

專賣局成立後，最初在臺北城南一棟二層木造建築辦公，一九二二年搬遷至新廳舍。這棟建築與臺灣總督府同為森山松之助設計，兩者風格亦類似：中央尖塔聳立，紅磚搭配白色橫飾帶，加上圓拱與柱列裝飾，華麗雄偉的外觀散發出統治者的威儀。戰後，由臺灣省菸酒公賣局承繼沿用，二〇〇二年專賣制度廢除，公賣局轉型為臺灣菸酒股份有限公司，總部仍在原址。

唯一公營鴉片樟腦加工

南門工場[1] 創立於一八九九年，隔著道路與專賣局相鄰。曾經，這裡堆滿了從全臺山區運送前來，一簍簍結晶如雪的「粗製樟腦」及樟腦油，等待提煉後外銷製成藥品、香水、火藥、底片。當時臺灣樟腦產量高居世界第一，就連美國伊士曼柯達公司製作膠卷所使用的賽璐珞（Celluloid）原料，絕大多數也來自「臺灣製造」的樟腦。

南門工場同時是惡名昭彰的「鴉片」生產地，從印度、波斯、土耳其運來的鴉片原料，在這裡精製成鴉片煙膏與粉末鴉片，前者販售給領有吸食許可證的「鴉片仙」，後者作為醫療之用。如今，鴉片禁絕多時，天然樟腦也抵不過合成樟腦競爭，這座日治時期全臺唯一的公營樟腦和鴉片加工廠，已轉型為「臺灣博物館南門園區」**3**。現場展示廠房運用及修復歷史，更將原本的樟腦倉庫規畫成樟腦產業展示空間，讓歷經百煉而芬芳濃郁的產業故事繼續流傳。

昔日生產成癮嗜好 今日變身文化園區

除了城南一隅的專賣局廳舍與南門工場，總督府專賣事業中最賺錢的明星產品「菸」、「酒」工廠都分布在臺北鐵路沿線，藉由四通八達的鐵道運送原料及成品。當時如果從臺北火車站往松山方向前行，會先在火車站北側看到一棟紅磚工廠。它是建於一九一一年的「臺灣總督府專賣局臺北煙草工場」**2**，在地人叫它作「臺北煙草局」，當時廣受歡迎的香菸牌子，如「茉莉（Jasmine）」、「七星」、「曙」，都在此製造。由於自製香菸大為暢銷，廠區不敷使用，一九三七年新建專門加工捲菸的「松山煙草工場」。

1 文中提及的日治時期工廠名稱，均保留當時用法，如「煙草」、「工場」。

1
2

1 專賣局出品的酒與樟腦。
2 專賣局出品的食鹽、鴉片、菸草。

圖目錄 C-22

臺北煙草工場日後遷移到安坑，原址挪作建成國中校舍；幾經流轉，舊景淹沒在時間洪流中，原地蓋起高樓，成為結合車站、商場、飯店等設施的「臺北轉運站」。而具有「工業村」概念，兼顧員工福利與生產環境的松山煙草工場，由公賣局接手後，陸續推出「新樂園」、「寶島」、「長壽」等數十種品牌香菸，是戰後臺灣最具代表性的菸廠。一九九八年因都市規畫、香菸銷量下滑，松山菸廠停止生產，目前轉型為「松山文化創意園區」。

圖目錄 C-23

沿著鐵路繼續東行，經過寬闊的「勅使街道」後，來到為紀念臺灣首位總督「樺山資紀」而命名的街區「樺山町」，這裡有座一九一四年設立的製酒工廠。工廠原屬於「日本芳釀株式會社」所有，酒類納入專賣後，由專賣局承租再收購，改名「臺灣總督府專

圖目錄 C-14

賣局臺北酒工場」4。近百年來，產自臺灣的穀類或水果，在磚造廠房內與酒麴發酵共舞，釀造出醇厚美酒。不過，位於首都圈內的製酒工廠，最終因汙染問題搬遷至林口，遺留下來的閒置空間經藝術工作者積極爭取，一九九八年正式掛上「華山藝文特區」的招牌，現為「華山1914文化創意產業園區」。

隨著時代演進，曾經繁盛的產業逐漸沒落、遷移。當精魄已然離開，歷經無數次的衝撞與爭取，留在都市中的巨大軀殼終被視作「遺產」保存下來，其中多數轉往空間再生，再次出發。然而，前方究竟通往何處？人們能不能在其間找到讓情感與記憶棲身片刻的角落？或許親身走進如時間迷宮般的廠舍裡，探尋過去，思索未來，才是產業遺產繼續存在的意義。

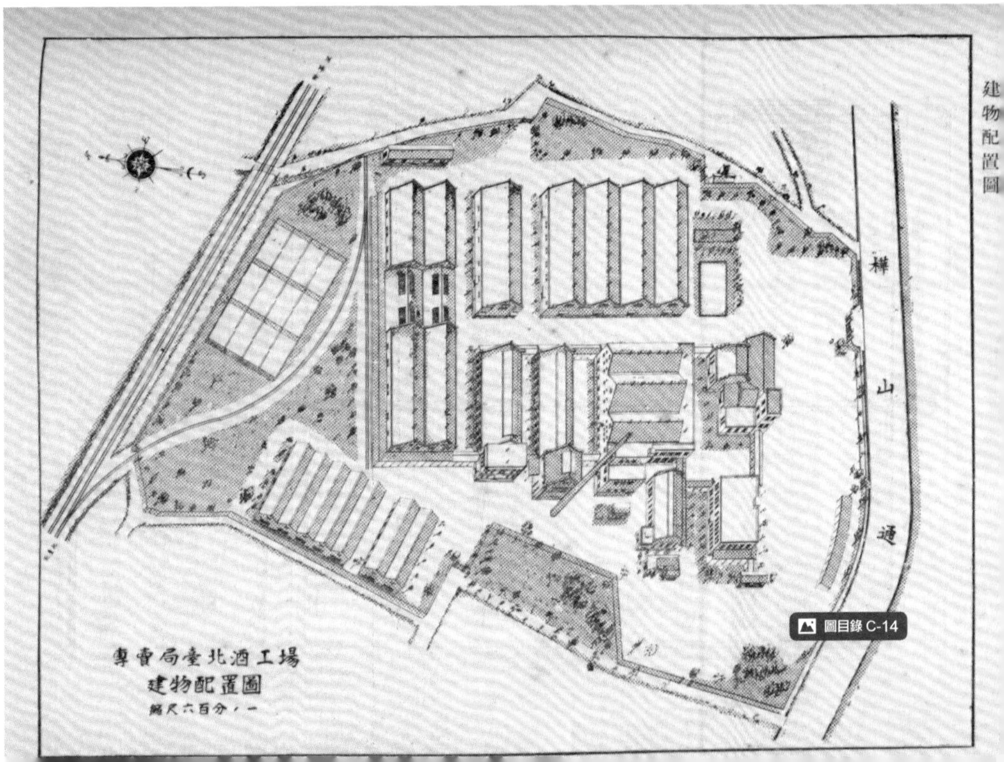

1 此張三連圖由上、中、下分別是鴉片、樟腦、煙草工場。
2 日治時期女工包裝菸草情景。
3 臺北酒工場米酒釀造室（今米酒作業場）。
4 約一九〇八年左右，位於南門工場內的臺灣總督府專賣局。
5 臺北酒工場建物配置圖。

1

臺灣總督府專賣局

由森山松之助設計的專賣局廳舍，風格與同時期落成的臺灣總督府相似。

圖目錄 C-17

臺北公賣產業今昔地圖

昔 1932 臺北市職業別明細圖

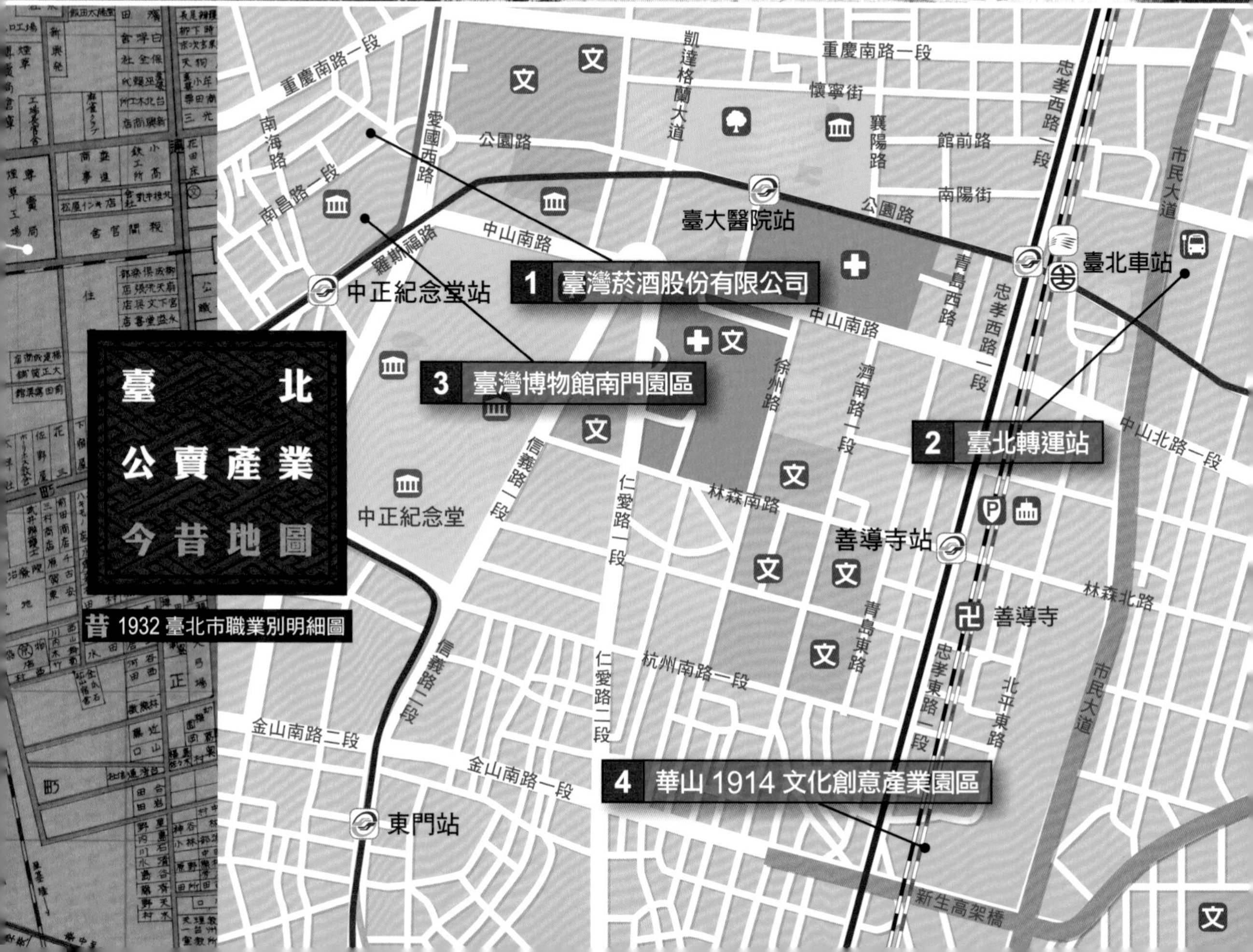

2 臺北煙草工場

臺北煙草工場鄰近鐵道，南側是臺北驛，東側是通往淡水的鐵路，交通運輸便利；現為臺北轉運站。

圖目錄 I-4

3 南門工場

終日吐露煙霧的南門工場鍋爐室煙囪，是臺北城南地區舊時顯目的地標。工場原址目前僅存樟腦倉庫「紅樓」與鴉片倉庫「小白宮」。

圖目錄 C-20

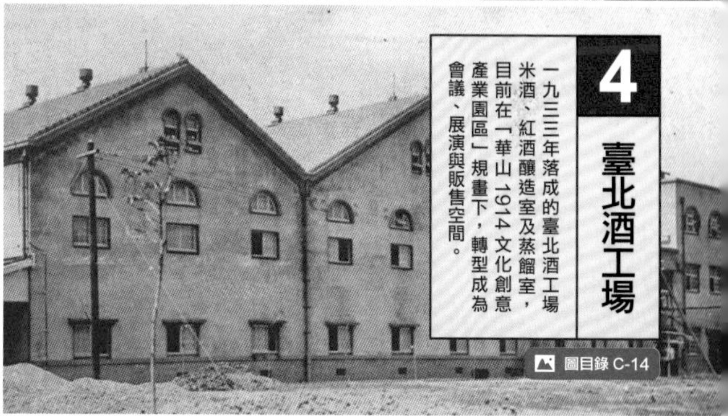

4 臺北酒工場

一九三三年落成的臺北酒工場米酒、紅酒釀造室及蒸餾室，目前在「華山 1914 文化創意產業園區」規畫下，轉型成為會議、展演與販售空間。

圖目錄 C-14

曾有一位臺北妓女，獲得諾貝爾和平獎的提名。

瑞典的「全球千名婦女爭評二〇〇五年諾貝爾和平獎協會」提名超過一百五十國、在人權方面有卓越貢獻的近千位女性，參加角逐諾貝爾和平獎。當時臺灣有十八位婦女獲得提名，其中最特別的，就是臺北市前公娼、妓權工作者麗君。臺北市政府於一九九七年廢除轄區內的公娼，走投無路的公娼一個接一個自殺。原本即將從這個行業退休的麗君憤而投入抗爭，從歸綏街老舊的娼館走到大眾面前，開啟了臺灣娼妓抗爭的特例。在兩年內五百多場的密集抗爭行動中，麗君帶頭衝鋒，即便遭人唾罵，甚至罹患末期乳癌，仍忍痛堅持，之後也投入公娼寮史蹟的保存與活化運用，直到二〇一四年病逝於文萌樓。

不論哪個年代，都有許多默默隱忍、被捨棄，然後消失無蹤的娼妓。然而，妓女戶的出現，其實與先民開拓、地方發展這些備受重視與讚揚的歷史息息相關。

繁華的所在，就有歡樂街

臺北的性產業，可上溯到清代的艋舺。艋舺的發展由淡水河畔開始，市街往陸地呈「廿」字形。早期漢人從河口上岸開墾，常到此地與平埔族人交易蕃薯，主要的街道稱為「蕃薯市街」[1]，也就是今貴陽街二段較靠近淡水河的一端。此地是全臺北市最老的街，也是艋舺、甚至臺北市興盛的起點。

嘉慶（一七九六至一八二〇）以後，臺灣較早開發的南部地區天災頻仍，經濟重心逐漸北移。而原本臺灣北部的商貿交通中心——新莊，也在嘉慶中葉後因淡水河淤積，失去航運條件，交通地位被艋舺取代。大多來自泉州的艋舺商人組成「郊行」，與中國東南沿海一帶往來貿易，使得市街繁榮起來。到了道光（一八二一至一八五〇）、咸豐（一八五一至一八六一）年間，「一府二鹿三艋舺」的說法已相當盛行。

道光年間時，艋舺人口激增，已成為酒家、妓樓、娼寮的集中地，是臺北娼妓街的發源地。最著名的地點，就是距離淡水河碼頭不遠的蕃薯市街旁、凹斗仔街[2]一帶，也就是今與貴陽街二段交叉的華西街北段一帶。郊商、航行於閩浙粵等地的船夫、以及碼頭工人，經常在此落腳、消費。從道光、咸豐，直到光緒年間（一八七五起），凹斗仔街娼妓的芳名，不僅名噪全臺，還遠及福州、泉州。但在臺灣，並不只艋舺有這樣的現象。位居「一府二鹿三艋舺」之首的臺南安平港，以及中部的鹿港，與艋舺一樣是商旅、船員、碼頭工人聚集的繁華港口，性產業也到處蔓延。

緊接著艋舺之後，大稻埕也成為性產業的集中地。大稻埕之興盛，始於艋舺的「頂下郊拚」械鬥。最早開拓艋舺的，是來自泉州的晉江、惠安、南安的三邑人，通稱為「頂郊人」，以龍山寺為中心（距今華西街、即當時凹斗仔街步行約僅三分鐘）。「下郊人」，指的是同屬泉州的同安人，也包括鄰近同安的漳州人，主要信奉霞海城隍。頂郊人與下郊人在人口增加的艋舺逐漸起了衝突，並在一八五三（咸豐三）年爆發大規模械鬥，敗走的下郊人奉霞海城隍金身逃往大稻埕一帶。於是，原本僅有水田稻作、少數商店的小聚落，建立起新的市街。一八五六、五九年時，新莊地方又爆發兩次械鬥，同安人再度敗北，紛紛退往當時已有不少下郊同安人的大稻埕，加速此地的發展。而械鬥後的艋舺元氣大傷，加上河道也漸漸淤積，許多商貿交易轉往他處，使大稻埕取得發展機會，成為艋舺的競爭對手。一八六〇（咸豐十）年清廷於第二次鴉片戰爭戰敗，簽訂北京條約後，臺灣有四個港口陸續對外開放為通商口岸，不少洋行選擇大稻埕為落腳處。劉銘傳擔任臺灣巡撫時，又將大稻埕還為商業區，在此大興土木，市街為之一新，許多外國人也居於此。

大稻埕不但在商貿上逐漸凌駕艋舺，性產業也有同樣趨勢。原本流行於艋舺的藝旦、歌妓，開始出現在大稻埕的九間仔街與後街[4]及六館仔街[5]一帶，即今延平北路近歸綏街附近，及南京西路西端近淡水河一帶。據說大稻埕的藝旦間，竟多至兩百餘戶。

納入管理，風化業正身

進入日本殖民時期，日人進駐不久，就將臺北稱為「酒與女人」之街。殖民初期由於臺灣人武裝反抗，給日人帶來恐懼與壓力，而當局又急於興築基礎設施，因而聚集大量日本男性工作人員，再加上經濟繁榮，當地適合日人的其他娛樂設備又不多……此種種因素讓來臺的日本人把金錢花費在酒、色上面。連身為第三任臺灣總督的乃木希典與第四任總督兒玉源太郎，都帶著妻子以外的女人上任，如此一來，在臺日人的酒色層面，自然處於無人管制的放任狀態。

日本殖民的第二年（一八九六年，明治廿九年），臺灣總督府就准許臺北城內可開設公娼館。此時日本人使用的妓館有卌二間，料亭廿八間，總共雇用藝伎五五人，娼妓四八人。伊藤博文首相同年六月來臺視察時居住過的府前街（今重慶南路一帶）料亭「吾妻」，就擁有二十個藝旦。

而艋舺的蕃薯市街，則被日本當局改名為諧音的歡慈市街，與原本的四斗仔街一起畫為「遊廓」，成為納入管理的風化區。原本是臺灣人聚集的市街，因而湧進許多日本男性與日本妓女。一八九六年，業者與人口販子從日本「內地」送來女性，建立妓院「初音亭」，到了一八九九年，單是艋舺支署管區的統計，就有藝旦一二五人，娼妓五〇一人。在接近艋舺的新起街（今中華路西側長沙街附近）也有不少類似的場所。據說在日本時期，有「正經的日本人，不會到萬華（艋舺）去」的說法。到了戰後，這個地帶大約與「寶斗里」相當，同樣也是性產業集中地，公娼私娼皆聚集在此。

是日春萌生

在大稻埕，第一家日本人經營的料亭「小島屋」於一八九七（明治卅）年在當地最熱鬧的六館街開設，此後，日本的料亭也紛紛在附近開業，當地每晚擠滿日本客人，宛如不夜城。而臺灣人常去的「旗亭」（餐館）與藝旦間如江山樓、蓬萊閣、東薈芳、山水亭、春風得意樓等等，也都聚集於大稻埕，大約是今南京西路、延平北路二段、歸綏街、重慶北路上，上門顧客多為臺灣人的上流階級或藝文人士，林獻堂、梁啟超等人都曾出入此間，蔣渭水更多次在江山樓接受同志舉辦的洗塵或入獄餞行餐宴。家境富裕的文人所創辦的娛樂性刊物如《風月報》，常有各地藝旦的評比，稱之為「花選」，這幾間的藝旦都經常上榜。

日本時期的臺北市，總共設有三個性產業的官方管理機構「檢番」，即臺北檢番、萬華共立檢番、大稻埕檢番，由此可見當時相關產業的聚集地點。而當局則透過這個制度進行管理，並徵收稅金，在此制度下的藝旦，必須通過考試，取得「鑑札」才能正式掛牌營業。而不受官方管制的私娼，則在合法的藝旦間附近謀生，如大稻埕江山樓附近，除官方設置的公娼館外，也有不少私娼聚集在巷弄內。到了戰後，此地的妓女戶仍然存續，其中一部分被臺北市政府納為公娼，位於今天的歸綏街上。

從艋舺遊廓演變而來的萬華寶斗里，以及大稻埕藝旦間周遭演變而成的歸綏街，這兩處在戰後時期，都曾是老一輩記憶中的風化區。到一九九七年臺北市政府廢除公娼制度後，公娼們有的自殺，有的轉業，有的則成為躲避警察查緝的私娼。而位於歸綏街上，興建於日治時期的公娼館「文萌樓」[3]，二〇〇六年時被認定為市定古蹟，並在保存原貌的前提下活化運用，但因產權問題，有可能被地主收回另做他用，因此許多民間人士仍持續努力，希望能保留原來的古蹟運用方式。至於寶斗里的公娼館，則在廢除公娼之後已消失無蹤。

1 蕃薯市街

現在貴陽街二段、華西街交叉口，曾是臺北最熱鬧的蕃薯市街、凹斗仔街交叉口，可說是臺北市發展的起點。

2 凹斗仔街

道光年間，人口激增的艋舺於凹斗仔街一帶發展出娼寮集中地。日治時期此地被劃為「遊廓」，戰後劃入「寶斗里」，以娼妓街與殺蛇店聞名。寶斗里現已改名，該地最有名的華西街也轉型為觀光夜市。

3 文萌樓

文萌樓建於 1936（昭和 11 年）年，原為兩層樓的紅磚圓拱立面建築，鄭宅改建時逢太平洋戰爭期間，為躲避美軍空襲而貼上暗色系「國防面磚」，內部陳設仍保留當時特色。2006 年 12 月 20 日公告為市定古蹟，但因產權問題仍有可能遭到拆除。現址為臺北市大同區歸綏街 139 號。

臺北
煙花之地
今昔地圖

昔 1898 臺北市街全圖

臺北市街全圖
3 文萌樓約略位置
4 九間仔街
4 九間仔後街
稻
埕
大
5 六館街

臺北車站
臺大醫院站
民權西路
錦西街
4 今延平北路歸綏街一帶
重慶北路二段
懷寧街
重慶南路一段
重慶南路二段
大橋頭站
涼州街
長安西路
市民大道
忠孝西路
南京西路
衡陽路
寶慶路
愛國西路
延平北路二段
歸綏街
民生西路
塔城街
北門站
延平南路
迪化街
西寧北路
2 今華西街北段
環河快速道路
中華路一段
西門站
臺北橋
3 文萌樓
西寧南路
昆明街
5 今南京西路西寧北路一帶
環河快速道路
成都路
內江街
長沙街
桂林路
廣州街
淡水河
貴陽街
康定路
忠孝橋
1 今貴陽街
臺北橋站
龍山寺站
中興橋
西園路
重新路
華西街
艋舺大道
西園路

大事件

新奇 鬧熱 嘉年華

臺灣博覽會

飛んだ、飛んだ
好成績の遊覽飛行
十二日間に一千百四名乘せ

這則一九三五年十一月七日《臺灣日日新報》的新聞標題，報導了搭乘飛機「漫步在秋晴之空」翱翔臺北的臺灣博覽會特別活動。當時為推廣航空飛行概念，能搭載六名乘客的福克超級環球式（Fokker Super-Universal）飛機特別自日本遠道而來，在臺北上空進行遊覽飛行，讓乘客們得以從晴空中俯瞰臺北市區以及環繞城市的淡水河風光，這是臺灣民眾親身體驗翱遊藍天的難得機會！連百合珈琲館的女服務生、來自知本社的原住民女性都結伴搭乘。遊覽飛機在試營運中的松山飛行場起降，並從市內的中崙修築一條十三米寬直達機場的專用道路，此即今敦化北路之前身。

圖目錄 N-19　第一會場與第二會場之間的榮町通夜景，即今日的衡陽路，左方的高樓為菊元百貨。

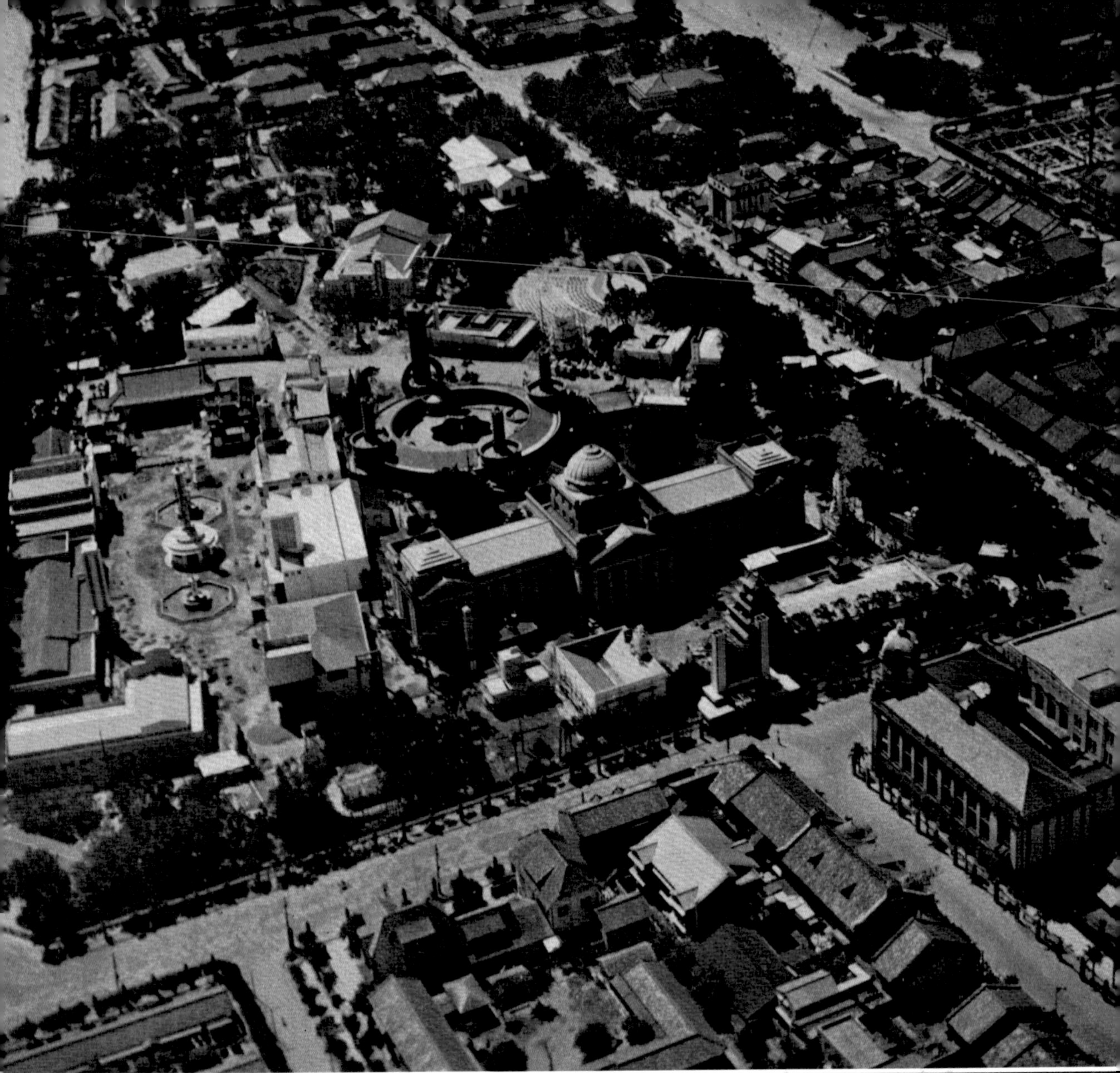

圖目錄 N-6

圖目錄 N-18

圖目錄 N-18

五光十色的展示

日治時期中期，臺灣已經過日本近四十年的統治，臺灣總督府為展現治理臺灣的政績，決議舉辦大型博覽會，向海內外宣揚殖民臺灣多年來的發展成果。遂由總督府領銜撥款，動員全島政府官員與民間賢達兩千餘人共同籌辦。經過一年多的準備，於一九三五年十月十日至十一月二十八日，舉行了盛況空前的「始政四十周年記念臺灣博覽會」。這場為期近兩個月的博覽會，以展示臺灣、日本兩地的物產和建設為宗旨，強調

1 臺灣博覽會第二會場設於新公園，即今日的二二八和平紀念公園，展覽內容包含文化教育、地方展館、專賣事業，以及演藝娛樂等等。

2 新公園內的音樂堂起初是歐式圓形音樂臺，為伊藤博文來臺參訪時捐贈基金，後由官民合力出資興建，於臺灣博覽會時遷址重建為半圓形音樂堂。

3 臺灣博覽會第一版海報，於一九三五年二月發行，上半部為臺灣總督府，下半部為象徵臺灣的廟宇與芭蕉葉，由塚本閣治製作，印刷了三萬餘張。

4 臺灣博覽會第二版海報，於一九三五年六月發行，上半部為白鴿，下半部為博覽會場館與椰子樹，印刷了兩萬餘張。

5 入場券，憑券可遊覽臺灣博覽會的三個會場。

圖目錄 N-19

本地良好的農業與工業生產力，和臺灣地理位置在國防上的重要地位。展場不但陳列富異國情調的島內商品特產，同時也力圖傳播現代化的新穎觀念，以及日本在亞洲的強盛國力。

臺灣博覽會的主要會場位於臺北市區，第一會場設置在公會堂周邊與西三線路，即今中山堂與中華路，占地一萬三千餘坪，主要展出琳瑯滿目的各地農產品、工藝製品。其中的府縣館就招商近五百個展示販售攤位，並以生動的立體造景模型，呈現各種產業的營運；另有交通土木館，展出臺灣鐵路、都市規畫和電信郵政的建設規畫。第一會場的場館包含直營館中的交通土木館、產業館、林業館、第一府縣館、第二府縣館、興業館，與特設館中的滿州館、交通特設館、福岡館、朝鮮館、日本製鐵館、三井館、鑛山館、糖業館，以及舉辦各種會議活動的公會堂，並築有跨越西門橢圓公園的大陸橋，將八百公尺長的會場兩端連接起來。

第二會場設置在占地兩萬四千餘坪的新公園，除各種實業與地方物產展館外，在文化施設館如臺灣博物館中，也展出大量動植物標本和歷史文物，及學校教育、社會事業、山地政

圖目錄 N-19

策的概況；會場中並設有許多娛樂遊憩設施，提供參觀者購買飲食或觀賞表演，吸引大量人潮。第二會場的場館包含直營館之中的第一文化施設館 **3** 、第二文化施設館、國防館，與特設館之中的愛知名古屋館 **2** 、北海道館、大阪館、奈良館、京都館 **5** 、東京館、船舶館 **6** 、電氣館、專賣館 **4** 、臺灣茶特設館，以及協贊會設施的迎賓館、演藝館、映畫館、音樂堂 **7** 、海女館、子供の國（兒童遊樂園）等等。

大稻埕分場 **8** 設置在太平町北端的太平公學校與大橋公學校之間，占地四千餘坪，主建築南方館以大型地圖模型呈現南洋海陸島嶼的地理分布，讓參觀者對於該地產生直觀的概念，同時也展示南中國與南洋的物產風情。大稻埕分場的場館包含直營館之中的南方館、暹羅館、比律賓館、福建特產物紹介所，與特設館之中的馬產館 **10** 與馬術表演場，以及表演戲曲的演藝館 **9** 、奇物園等等。而在北投的草山分館，推廣溫泉休閒之餘，用照片展示島內島外的觀光景點。另外在全臺各地亦設有特設館、鄉土館、觀光館等，以共襄盛舉。

3 1
6 4 2
7 5

1 臺北檢番的師匠與藝伎於第二會場演藝館表演樂舞「蓬萊踊」，共十一場，主題為臺灣各地的山水風光。

2 由舞蹈師傅西川嘉定「西川會」門下的藝伎成員表演日本舞，演出義人吳鳳、臺北四季等新作品。

3 臺北南珈琲店組合女服務生的歌舞表演，共有六景，主題為臺灣各地的觀光遊覽，如大屯山溫泉、阿里山雲海等等。

4 臺灣茶外貿輸出展示，陳列標示貿易航路的回轉地球儀，與各種外銷罐裝茶葉，背板列出重要茶葉貿易地點，摩登大樓象徵美國紐約、倫敦大橋象徵英國等等。

5 「常夏臺灣之森」布置了臺灣山區暖帶林的蒼茂森林，前方有提煉樟腦的腦寮，並以玻璃搭配回轉電燈模擬山林中的涓涓溪流。

6 以人偶搭配茶具與棚架實景，展現戶外品茗的風情，背景布幕繪著臺灣鄉間田野的景色。

7 專賣館以鹽田模型重現臺南安順鹽場的天日曬鹽景象，包含鹽田的蒸發池、結晶池，以及採鹽倉儲等生產步驟。

圖目錄 N-6

圖目錄 N-6

嘉年華會在臺北

會場中三十餘座展館建築造型外觀各具特色：有的模擬當地著名景點，例如愛知名古屋館 **2** 外觀為名古屋城；朝鮮館外觀為景福宮的光化門城樓；京都館 **5** 外觀為平安神宮拜殿與蒼龍樓、白虎樓。有的依產業內容來設計，例如林業館入口以直徑七公尺的樹木年輪模型作為裝飾；船舶館 **6** 正面有巨大的輪船煙囪與舵輪；日本製鐵館外型為鋼鐵結構的煉鐵工廠。第二會場中央總督府專賣局的專賣品展覽館 **4** ，入口處設有高三十公尺的方型塔樓，塔身四面各排列九個卍字裝飾窗。展館也大量運用電燈裝飾，即使夜間也能閃閃發光，宛如不夜城。

在展覽之外，臺灣博覽會亦包含許多大型團體活動，多元宣傳方式超乎想像。表演娛樂活動如歌舞演出、民俗戲劇、京劇、新戲、雜技、遊行、煙火晚會等，也有田徑體育和詩詞書畫藝文競賽，還舉行了朝鮮、滿州、臺灣三地的棒球對抗賽。宣傳部分既有時髦的喫茶店女侍穿著浴衣搭乘敞篷車，組成遊行隊伍吸引民眾圍觀；也有飛機空拋宣傳單與花式飛行表演。臺籍仕紳也藉機在博覽會中展現本土色彩，迎請北港媽祖搭火車北上，來臺北出巡大遶境，伴隨鑼鼓喧天的陣頭藝閣與舞龍舞獅於市內遊街。

根據門票統計，展覽期間參觀博覽會的入場人次超過兩百七十五萬，估計參與人數有百萬之多，幾乎占全島人口的五分之一，其中有數十萬民眾從臺灣各地搭乘火車來臺北參觀。這場臺灣史上最大的博覽會，動員規模浩大，豐富涵蓋政治、社會、文化、經濟、衛生等面向，於臺灣總督府而言，自是極力宣傳經營殖民地的功績；在臺灣民眾眼中，也不失為一場觀摩新奇事物的熱鬧嘉年華會，而在背後，交疊著統治者與被殖民者的心理投射，互相激盪。

圖目錄 N-6

1 藝旦於大稻埕分場演藝館的歌舞表演，由新劇家張維賢擔任舞臺監督。
2 臺北北珈琲店組合「維特珈琲店」女服務生演出歌舞秀節目「LADIES OF FORMOSA」。
3 臺灣博覽會的場館紀念章。

2 愛知名古屋館

愛知名古屋館的造型模仿名古屋城天守閣，共有五層樓閣，並有十座石製燈籠，展品包含當地的鐵器、玩具、織物、皮件等等。

圖目錄 N-19

昔 第二會場平面圖

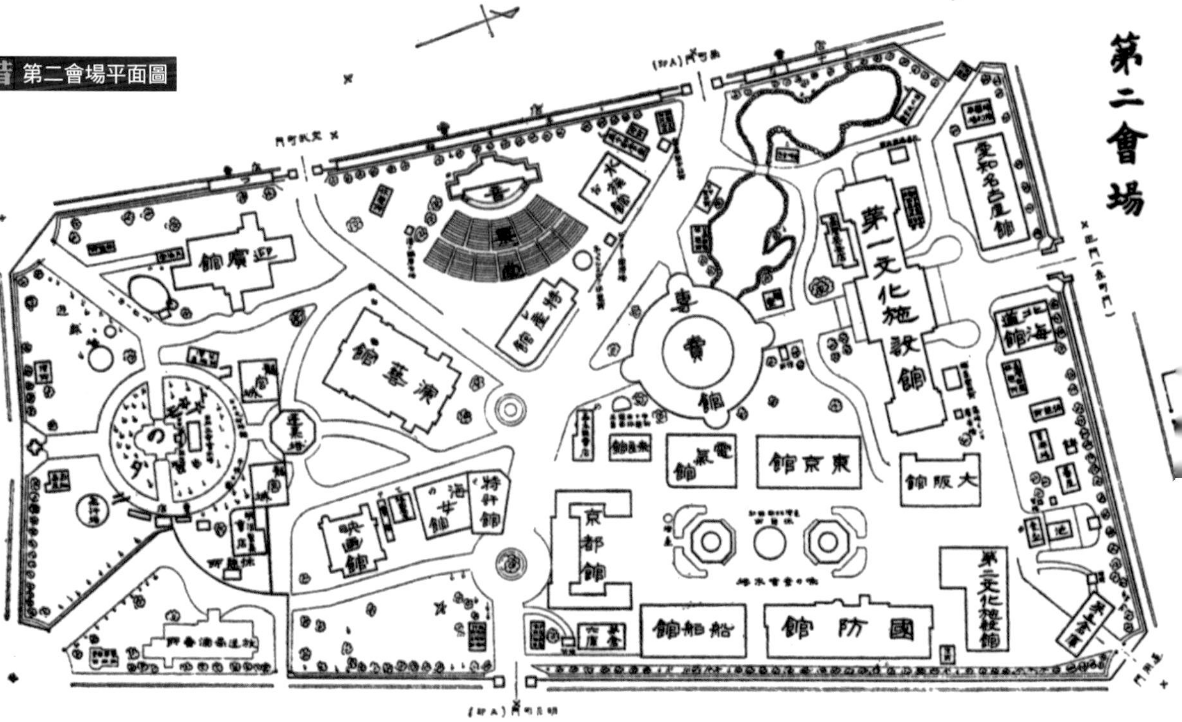

圖目錄 N-6

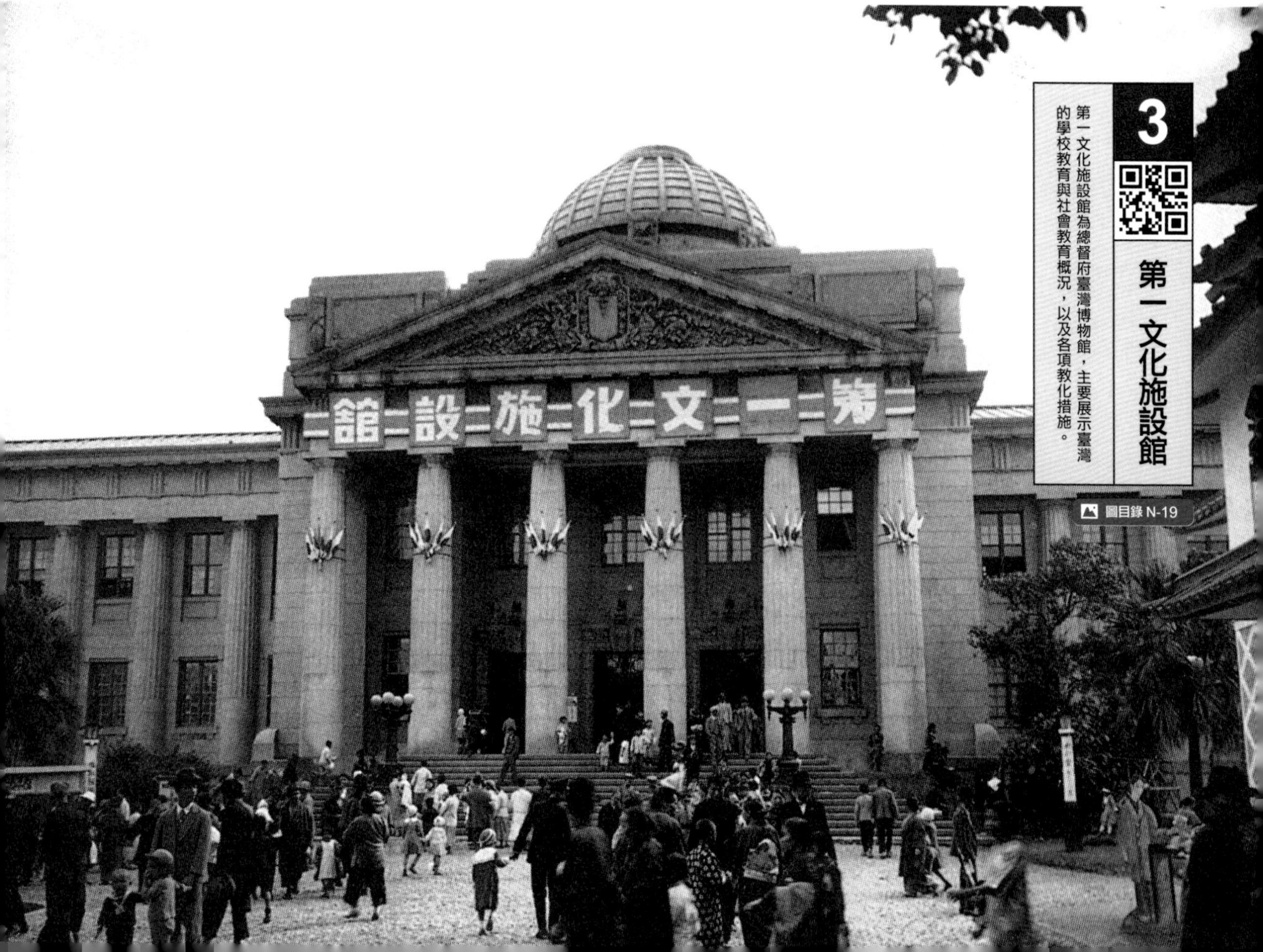

3 第一文化施設館

第一文化施設館為總督府臺灣博物館，主要展示臺灣的學校教育與社會教育概況，以及各項教化措施。

圖目錄 N-19

1 表町門

表町門為第二會場新公園的正門，即今日的館前路，門為木造結構，外觀以水泥漆和白鐵板裝飾，設有兩個售票口，並裝設燈飾與投光燈，在夜間十分醒目。

圖目錄 N-19

4 專賣館

專賣館環繞新公園原有的噴水池，面向正南方的入口塔樓高達 30 公尺，展示樟腦、鴉片、食鹽、煙酒等專賣事業。

圖目錄 N-19

5 京都館

京都館的造型模仿平安神宮拜殿迴廊與兩翼的蒼龍樓及白虎樓，庭前也同樣栽種了櫻樹與橘樹，展覽內容包含京都風景與特產商品等等。

圖目錄 N-19

圖目錄 N-6

7 音樂堂

音樂堂於臺灣博覽會時重新建造，外觀為淡黃色，並在天花板安裝照明燈，觀眾席設有兩百餘張長椅，表演節目有管絃樂演奏、傳統歌曲、原住民歌舞等等。

6 船舶館

船舶館外觀以巨大的煙囪與舵輪裝飾，館內展示日本與東南亞各地港口景觀，並陳列了輪船模型與船艙剖面模型。

圖目錄 N-19

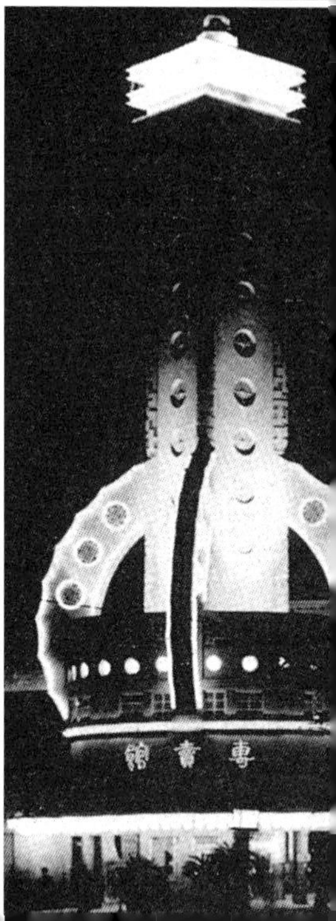

臺灣博覽會
大稻埕分場
今昔地圖

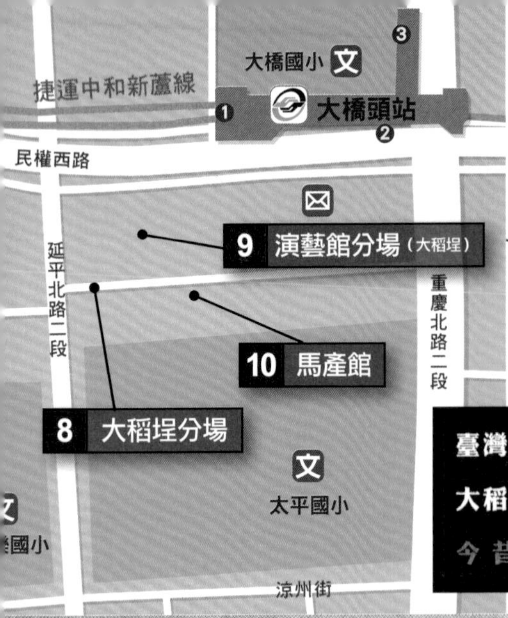

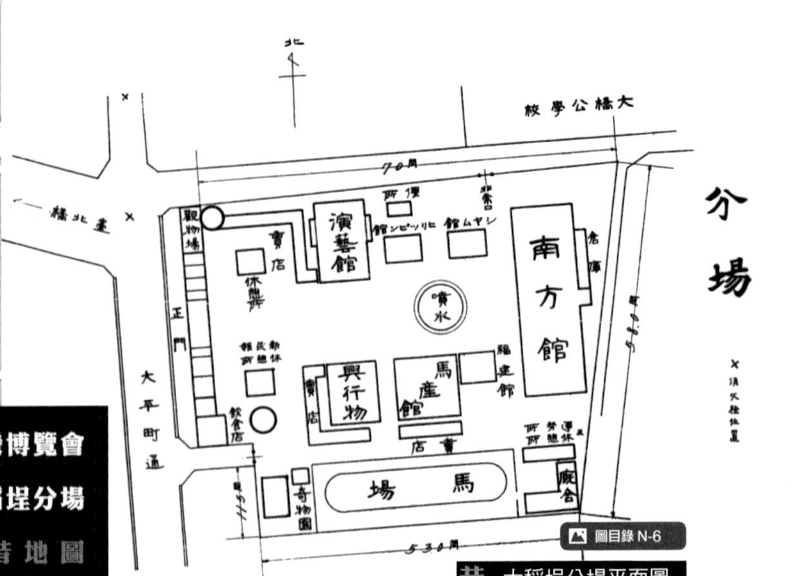

圖目錄 N-6

昔 大稻埕分場平面圖

圖目錄 N-19

8 大稻埕分場

大稻埕為臺灣本地人的商業貿易活動重心，在本地仕紳爭取之下，於此設立臺灣博覽會分場，展示南洋經貿產業，並設有演藝娛樂場館。

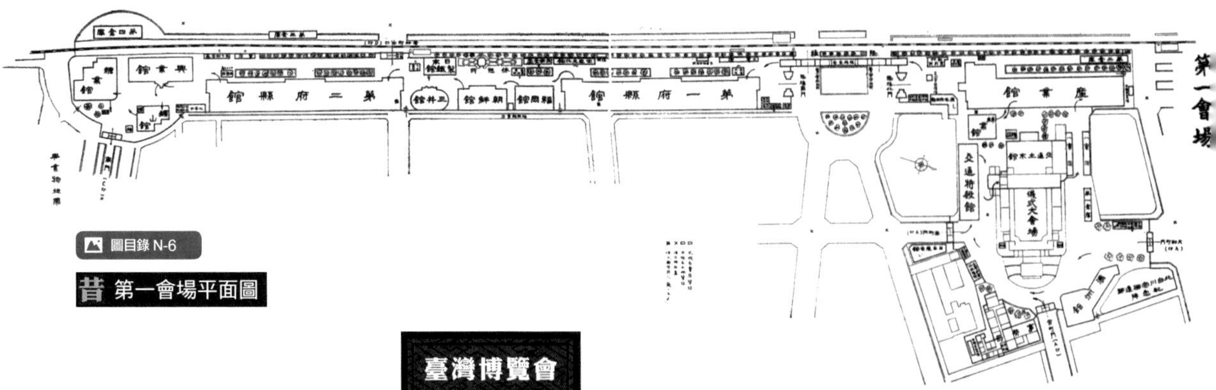

圖目錄 N-6

昔 第一會場平面圖

10 馬產館

馬產館入口為馬蹄形，外牆左右繪有金翼銀身的飛馬，展示馬匹飼育與運輸農耕，並設有騎馬場，提供觀眾騎馬體驗。

9 演藝館（大稻埕分場）

大稻埕分場的演藝館正面以臺灣傳統建築元素裝飾，表演節目有上海小三麻子京班京劇、珈琲店女服務生的歌舞表演，受到本地觀眾熱烈捧場。

圖目錄 N-19

圖目錄 N-19

飲食娛樂、社交信仰、運動演藝，領略往昔追尋歡樂的形式。

庶民生活

圖目錄 C-3

美饌臺北

一九三〇年代臺北美食地圖

文／陳玉箴

一九三五年某夜的臺北城，北門町的梅屋敷內正舉行一場日本高官的宴會，藝伎表演與輕輕私語聲，伴隨著壽司、生魚片等日本料理陸續上桌；與此同時，蓬萊閣裡的詩社餐宴則熱鬧進行著，五柳居（糖醋魚）、玉筆魚翅、八寶鴨是今晚的特別佳餚，在藝旦演唱的南曲聲中，賓客們寫下一首首漢詩。目光再移向西門町這頭，「我的巴黎」（モンパリー，Mon Paris）、「永樂」珈琲館裡有眾多食客歡樂地享用三明治、咖哩飯、咖啡與洋酒，回家前，或許再去鄰近的菓子店買些和、洋菓子給引頸期盼的孩子們吧！

此時的臺北，儘管大多數人仍在家用餐不常外食，但作為餐宴、應酬、集會場所的各種餐館已十分興盛，加上自一九二〇年代以來日益增加的喫茶店、珈琲屋及各式菓子、糕餅店，共同妝點出一張豐富的美食地圖。

在臺北過日式生活

臺北城既是總督府所在地與日本人聚居的重要處所，少不了各式日本料理屋，可說占去臺北所有高級餐館的大多數。其中最知名的梅屋敷，實為旅館，有寬敞的庭園、精緻的料理，經常是總督府高官的餐宴場所，從今日的國父史蹟紀念館，還可一窺其風華。

在日人聚居的西門町、新起町一帶，也聚集不少各式日本料理屋，如菊屋、都島、江戶長、明石屋、まろ福等，均為日人所經營。除較正式的宴席料理外，也販售蒲燒、天婦羅等日式食物，以慰日人思鄉之情。

另一個日本料理店集中處，是川端町古亭庄區域，也就是今日的廈門街、同安街、金門街一帶。這兒有新店溪流過，沿河一帶正是當時日人喜愛的休閒區域，邊享用食物邊欣賞河濱風光，何其愜意，因此雖然離居住區域有段距離，這兒也矗立著多家料理屋，如：秀の家 **3**、清涼亭、月花園 **2**、新茶屋 **4** 等。從店名可以隱隱一窺追求風雅的文青味。的確，自二十世紀初期，這裡就是許多日本文人舉辦休閒活動的熱門地點，夏天時消暑的「納涼會」、俳句大會、詩社集會、日人同鄉會、店員慰勞會，甚至連相撲等活動都有。如：一九〇六年六月軍方在清涼亭舉辦了一場納涼會，連當時的總督佐久間左馬太都與其他人一樣穿著日本和服出席，大夥或坐在涼亭內吃冰下棋，或在樹蔭下納涼吹風，還有坐船、釣魚的，吃著餐廳準備的和洋料理，好不愜意。川端町眾多餐廳中，僅有一九一七年開設的紀州庵 **1**，至今還留存部分建築，在一九三〇年代時，該店規模已相當大，包括本館、離屋、別館等，不僅可眺望河岸景致，庭院中還有水池，並種植杜鵑、山茶花等多種花木及木造涼亭。若發揮一點想像力，或許還可揣想一下當年此處的清風流水、佳餚美點。

轉回總督府附近的榮町[1]，當時有「臺北的銀座」之稱，該區也有不少料理屋、便當店，但最大特色是開設許多知名和洋菓子店，此處可說是菓子店的一級戰區！從臺灣銀行後方的大正堂 **9**、風月堂 **8**、朝日堂、白川餅店 **10**，到靠近公會堂（今中山堂）的水月 **12**、梅月堂等，均是知名菓子店，大正堂的「大正饅頭」、白川餅還號稱是當時的「臺北名物」，不過，這些菓子都以日人熟悉的口味為主，如西式蛋糕，或製成鶴、松、鳳凰、稻形狀的各式生菓子等，若想吃臺式糕餅，則要到大稻埕一帶臺灣人開設的糕餅店才買得到。

圖目錄 C-3

除了菓子店，也少不了相當於今日咖啡館的喫茶店。一九二〇年代前半，喫茶店在臺北廣泛設立，大多由販售洋菓子的日本商家開設，如末廣、水月，除賣菓子外也兼營喫茶店，一九三〇年底，日本大型製菓會社明治製菓 **11** 更在臺灣銀行後方開設新店，店中有多達十八位女店員，販售當日現做的西洋生菓子。另一大型製菓公司森永，原在大稻埕第一劇場設有喫茶店，一九三七年也把水月買下經營，在榮町與明治製菓互別苗頭。

在榮町，位於今衡陽路與重慶南路口的辻利茶舖 **5** 也十分值得一提。這家茶舖與現今京都祇園的辻利、茶寮都路里等名店，其實都來自宇治的知名茶舖家族「三好家族」。辻利茶舖在一八九九年由三好德三郎開設，他對茶抱持高度熱情，在店中除販售日本煎茶、玉露茶外，還加入臺灣本地的烏龍茶、紅茶。來到這裡，不但可以同時享用臺灣與日本的名茶，還有臺灣人店員熱情的招呼與介紹，也讓這家店一直維持很高的人氣！

離開辻利茶舖後往本町前進，在本町通（今重慶南路一段）上又可看到由新高製菓商會會長森平太郎開設的喫茶店一六軒 **7**，接著是帕爾馬（パルマ）**6** 喫茶店，及化妝品商資生堂開設的喫茶部。

這些喫茶店不僅富有現代感，氣氛輕鬆自由，以咖啡、紅茶、冰淇淋、蘇打水、奶昔及麵包、三明治及便餐為主要消費品項，價格又比酒樓或料理屋便宜些，可說是當時臺北城內時髦的餐飲場所，第一位在《臺灣日日新報》擔任記者的臺灣女性楊千鶴，在自傳中就憶及，經常與同事在森永或附近的喫茶店用餐、喝茶，聆聽女性友人傾訴對同事的祕戀，也在多間喫茶店展開與另一個「孤獨的靈魂」間沒有結果的初戀。

此外，喫茶店也經常是文藝活動的舉辦場所，或文士集會地點，例如當時有「臺灣第一才子」之稱的小說家呂赫若，就經常到明治製菓和森永喫茶店與藝文界朋友聚會，臺灣藝術社亦曾在末廣喫茶店辦「話臺中座談會」等，對當時的「文青」來說，或許「我不在家裡，就在往喫茶店的路上」吧！

1 榮町通為今衡陽路，曾是菓子店的一級戰區。

臺北美饌 川端町古亭庄 今昔地圖

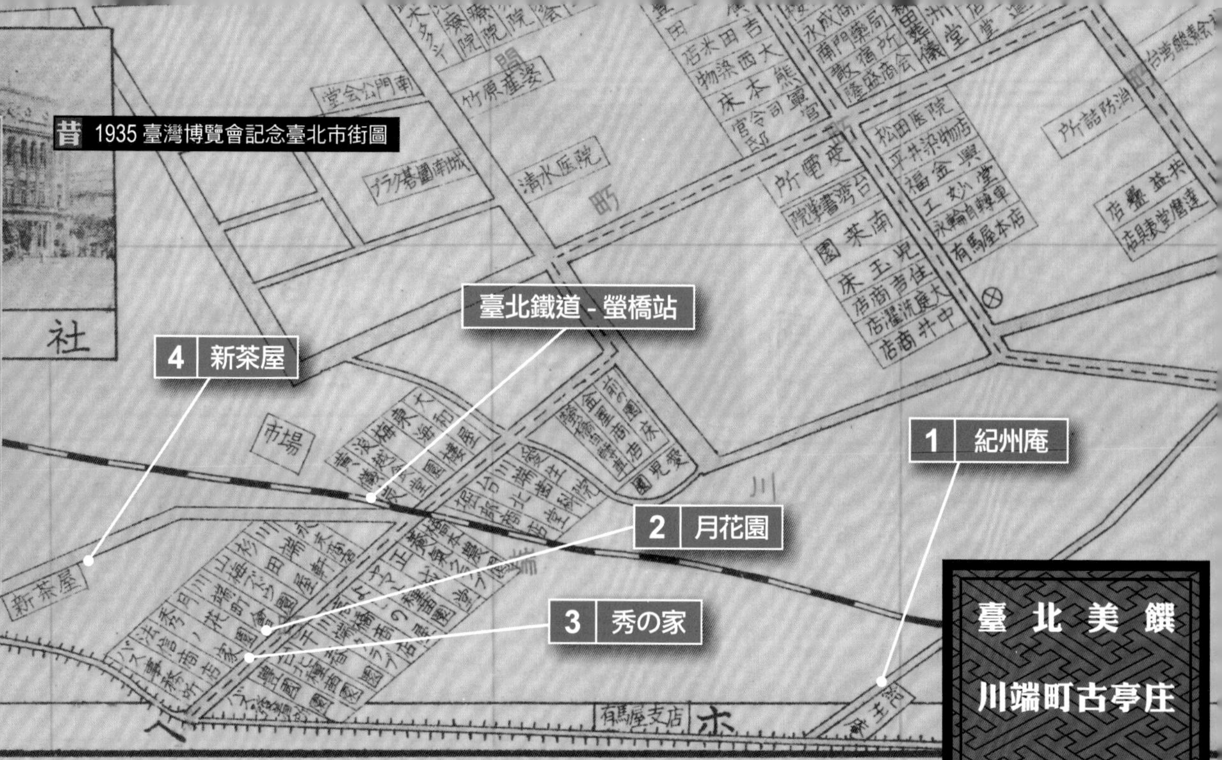
昔 1935 臺灣博覽會記念臺北市街圖
臺北鐵道 - 螢橋站
4 新茶屋
1 紀州庵
2 月花園
3 秀の家
社
市場
新茶屋
有馬屋支店
清水医院

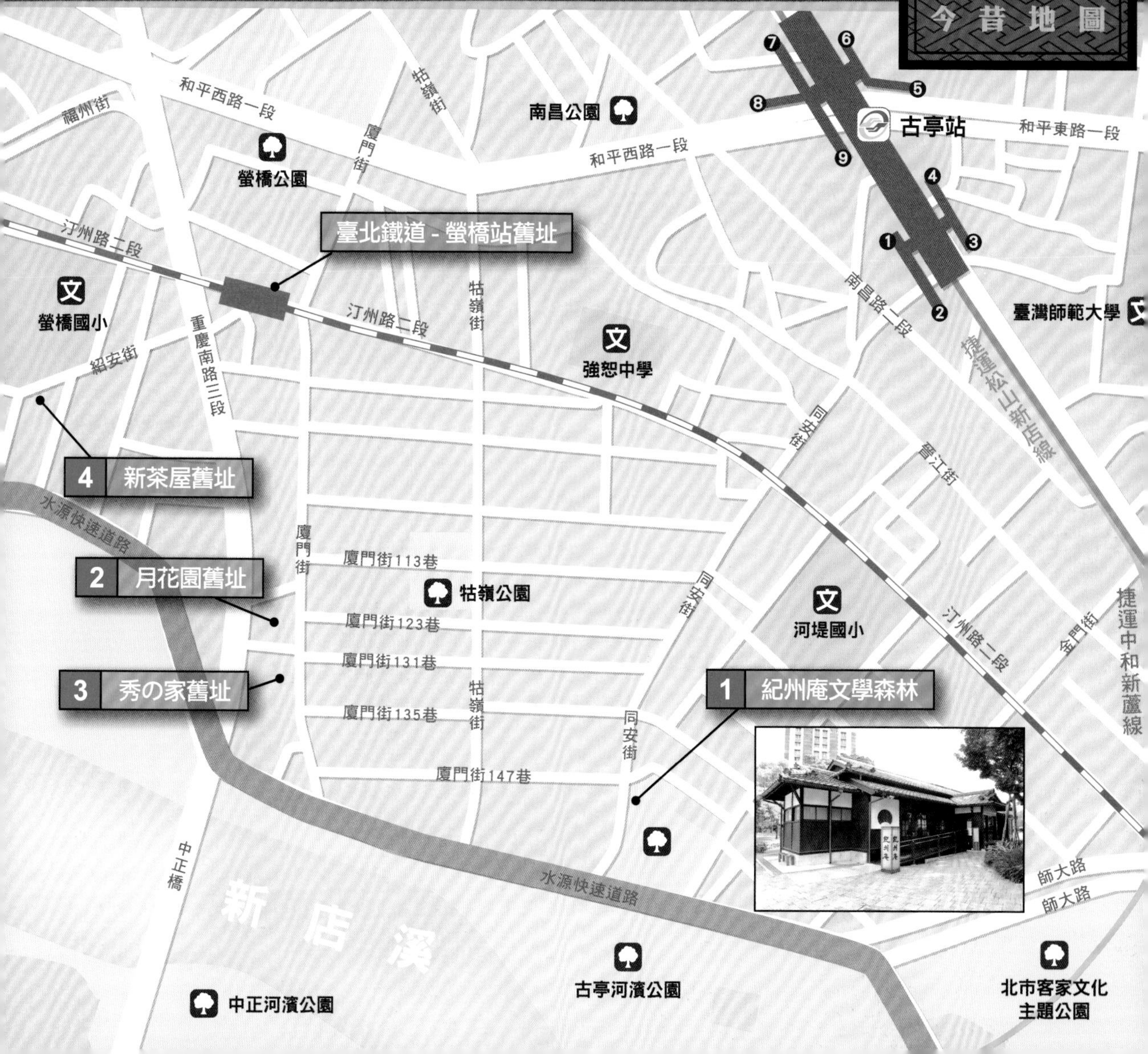
和平西路一段
福州街
牯嶺街
廈門街
南昌公園
古亭站
和平東路一段
螢橋公園
和平西路一段
汀州路二段
臺北鐵道 - 螢橋站舊址
螢橋國小
重慶南路三段
紹安街
汀州路二段
強恕中學
南昌路二段
臺灣師範大學
捷運松山新店線
同安街
晉江街
4 新茶屋舊址
水源快速道路
廈門街113巷
2 月花園舊址
牯嶺公園
廈門街123巷
河堤國小
汀州路三段
金門街
捷運中和新蘆線
廈門街131巷
3 秀の家舊址
1 紀州庵文學森林
廈門街135巷
廈門街147巷
中正橋
水源快速道路
師大路
新店溪
古亭河濱公園
北市客家文化主題公園
中正河濱公園

5 辻利茶舖

三好德三郎所開設的辻利茶舖，店內提供日本煎茶、玉露茶與臺灣本地的烏龍茶、紅茶。

圖目錄 C-1

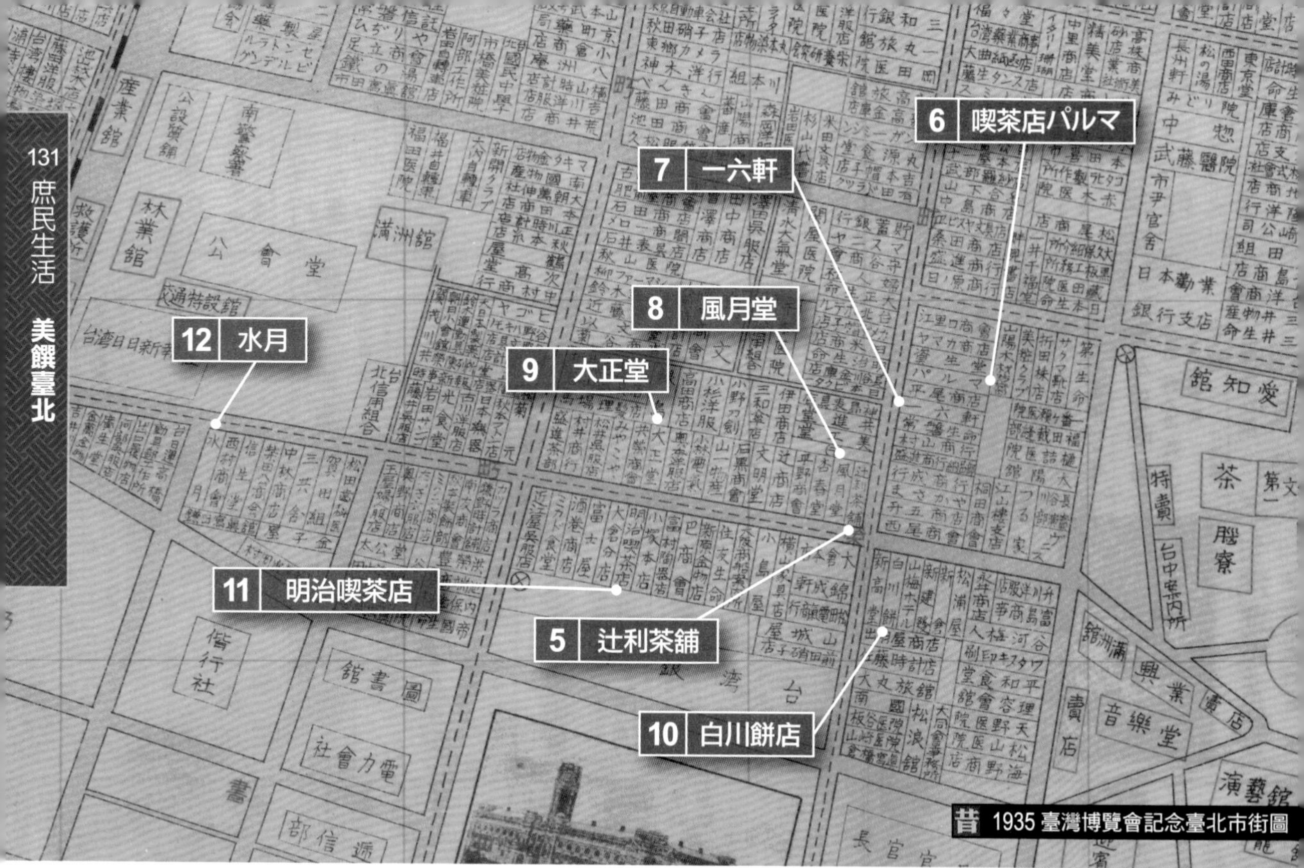

昔 1935 臺灣博覽會記念臺北市街圖

圖目錄 G-2

6 喫茶店パルマ

パルマ以義大利北部的城市 Parma 為名，是提供美味餐點與冷飲熱茶的純喫茶店。

7 一六軒

老牌菓子屋一六軒為臺灣製菓大亨森平太郎早年時創立，以麵包西點聞名，同時也經營榮町的新高喫茶店。照片為新起町西門市場隔鄰的一六軒支店。

圖目錄 G-1

大稻埕的臺灣味

離開日人聚居區，臺灣富商仕紳聚集的大稻埕宛若另一個世界，不僅有各種攤販賣米苔目、米糕粥、粉圓湯、肉粽等臺灣小食，更有多家臺灣料理或中華料理店供應華美的宴席菜餚，成為臺灣仕紳聚集的重要場所。

臺灣料理店中最知名的是江山樓 13 與蓬萊閣 18 ，兩者均位在日新町，江山樓在一九二一年十一月二十日正式開幕後，這棟四層樓建築便成為臺北的新地標、富紳的名片交換所，不僅可在此舉辦精緻宴席，享用臺灣本產的高檔清湯魚翅、八寶蟳羹、什錦火鍋、紅燒鱉等精美料理，四樓還可以沐浴、理髮，讓賓客登高望遠、欣賞藝旦談唱，留下多首詩文。

儘管昔日風華絕代，今日到江山樓的舊址：歸綏街、重慶北路口，鄰保安街與甘州街這一角，已完全看不出昔日繁華，只能說，一切功名風流隨時間流逝早已盡歸塵土，讓人欷噓。

另一間與江山樓齊名的大酒樓，是一九二七年開設的蓬萊閣，位在靠近圓環的南京西路上，先為石油富商黃東茂興建，後由大茶商陳天來收購經營。蓬萊閣的菜色初以閩菜為主，後又增加廣東菜、四川菜，甚至也有部分北京菜，並強調邀請名廚掌杓，如廣東菜的廚師就是孫中山的私廚杜子釗。

除閩菜、粵菜、川菜外，一九三八年，太平町通上也出現一家更具臺灣本土風味的「純臺灣菜」餐館「山水亭」，是由人稱「王古井」的王井泉所開。王井泉在日治後期的臺灣文藝界是重要的伯樂與贊助者，不僅投入財力、人力支持《臺灣文學》雜誌，也支持臺灣人的「厚生演劇研究會」，與皇民化運動下臺灣文化的流失對抗。他所開設的山水亭，也成為臺灣文藝界人士的重要基地與文藝沙龍，小說家呂赫若、張文環、律師陳逸松、音樂家呂泉生、劇作家兼電影導演林摶秋等臺灣文人，都是這裡的常客。

山水亭的菜色與其他大型酒樓有明顯不同，雖然也有掛爐全鴨、鳳尾蝦、佛跳牆等

宴席菜，但增加了刈包、雞腳凍等臺人喜愛的小食，並善用臺人家常生活常吃的醃漬品、空心菜等入菜，甚至在山水亭的宴席中，還會出現清粥，搭配菜脯蛋、冬瓜肉等，對臺灣人來說更屬於家庭與日常的溫暖味道。

大稻埕不僅是大型本地餐館酒樓集中地，若想找口碑好的臺式糕餅也得來這裡。日本菓子店多在榮町，而臺人開設的糕餅店多在永樂町、有明町一帶，除地段外，從名字也可以分辨，如：一九三〇年代的店家中，林順和、老合和、新義珍、和生、李合發、勝珍香、金裕興等，賣的都是臺式糕餅。

日治時期最知名的臺式餅店是寶香齋 14，這家老店早在清末一八八〇年代就已由余傳臚先生創立，先是開在永樂町南街（今迪化街）距城隍廟不遠處，後來重新整頓，店面改到今延平北路保安街口，此時已有如龍月堂 15 等其他不少糕餅店。另外，老字號寶香齋也培育出幾位後來糕餅業的重要人士，例如原本在寶香齋工作的高番王，後來自行在太平町開設「義美」，周天乞也開了「東陽」，製作和洋菓子與蜜餞。

寶香齋賣的餅種類很多，除咖哩酥、烏豆沙、鹹梅餅、糕仔、綠豆糕，以及喜餅、中秋狀元餅等外，泡芙、椰子餅、雞蛋卷等也是日治時期就已熱賣的商品，由於寶香齋還代理一些日本商品，也可以買到巧克力、牛奶糖、生菓子等，後期還販售麵包！種類繁多，可說是當時到大稻埕買糕餅的首選，逢年過節若沒有提早預定，可是買不到呢！

來點異國風 西洋料理尋味

若你是一九三〇年代的男性文藝人士，在大稻埕吃完酒菜、再買個咖哩酥、椰子餅就回家嗎？還沒呢！另一個引人駐足的，是當時西風東漸影響下的珈琲店（カフエー）。

珈琲店是一九三〇年代大為流行的餐飲休閒場所，與喫茶店的共通處在於都提供洋風飲食，強調西方與現代感的氛圍，並供應簡單西餐，差別則在於「珈琲店」可以供應酒類而喫茶店不行。珈琲店有酒，加上有女給服務，尤其吸引男性消費者前去光顧。

1 江山樓屋上庭園，可供賓客登高望遠。

圖目錄 C-3

圖目錄 C-2

1 江山樓匯聚臺籍名人、富紳，李超然、高慈美婚禮後即於江山樓舉行結婚喜筵。

珈琲店先是經由日人引介，且在日人商業區域流行，如：今西門町的八角堂、西門市場周邊是主要的日人商業活動範圍之一，原本就有多家知名日本料理店匯聚，如小永樂、松竹、新喜樂等。一九二一年，新喜樂的經營者三谷芳太郎看好珈琲店的發展潛力，在隔壁開設大型珈琲店「我的巴黎」，規模之大，甚至可以舉行婚宴，隔壁後來也開了家「永樂」珈琲店，是由原本在新公園內經營知名喫茶店「獅子」（ライオン）的篠塚初太郎經營。

第一家由臺灣人開設的珈琲店則位在太平町，是距蓬萊閣不遠的「維特」（エルテル）17。一九三一年開幕時，由王井泉擔任經理人，業績蒸蒸日上，與山水亭類似，陳逸松等支持臺灣文藝界人士經常光臨，當時在「維特」工作的廖水來，幾年後便開設了知名老牌西餐廳「波麗路」16，營業至今。

儘管有珈琲店、喫茶店等洋風餐飲店供應簡便的洋食，但若想吃的是正港西洋料理，便該去鐵道旅館（鐵道ホテル）與公會堂。

位於臺北府後街，現址為百貨商場的鐵道旅館，是在一九〇八年縱貫鐵路通車，日本閑院宮載仁親王來臺時開幕，為華美講究、氣勢十足的歐式建築。二、三樓均為旅館客房，一樓設有食堂，供應頗正式的西餐。由於價格昂貴，有機會用餐的多是日本官員、外國人、臺灣富紳，如林獻堂就曾多次在此住宿，並參加訪問國際聯盟委員等重要活動。有些學校如臺北女子高等學院、臺北帝國大學等，也會在此舉辦謝師宴、歡迎會等活動，對當時的年輕學生來說，進入這樣的歐式建築、享用未曾體驗的西式餐點，也是人生中難以忘懷的經驗吧！

一九三〇年代的臺北，匯聚了日本料理、中國南北口味、臺灣家常佳餚、點心與糕餅，麵包、冰淇淋、咖啡對都市人來說也絕不陌生。今晚，你想吃些什麼呢？

18 蓬萊閣

日治時期著名酒家，包括「江山樓」、「東薈芳」、「春風得意樓」、「蓬萊閣」。蓬萊閣菜系豐富，由名廚掌杓，其位置相當於今天的南京西路一六三號。

15 龍月堂

龍月堂歷史悠久，也曾參與一九三五年的臺灣博覽會，至會場出店。

14 寶香齋

寶香齋位於今延平北路、保安街口，期間培育許多糕餅業的重要人士。

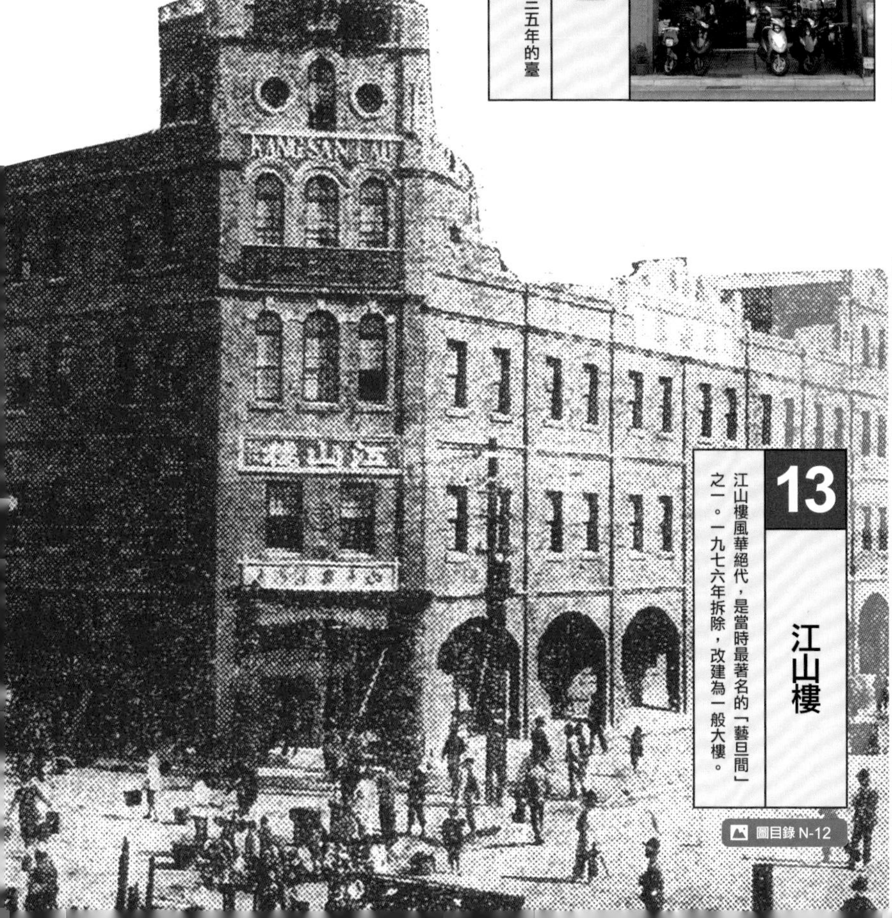

13 江山樓

江山樓風華絕代，是當時最著名的「藝旦間」之一。一九七六年拆除，改建為一般大樓。

圖目錄 N-12

大橋國小
民權國中
大龍街
捷運淡水信義線
延平北路二段
民權西路
大橋頭站
捷運中和新蘆線
民權西路
民權西路站
蘭州街
安西街
迪化街一段
重慶北路二段
寧夏路
承德路二段
永樂國小
太平國小
雙蓮國小
成淵高中
涼州街
涼州街
民樂街
慈聖宮
13 江山樓舊址
14 寶香齋舊址
環河快速道路
錦西街
基督長老教會
大稻埕教會
保安街
甘州街
大稻埕公園
寧夏路
興城街
歸綏街
萬全街
歸綏街
歸綏街
延平北路二段
聖母無原罪
主教座堂
靜修女中
萬全街
15 龍月堂
民生西路
民生西路
16 波麗路
知名老牌西餐廳波麗路，是臺灣早期人文思想及沙龍文化的象徵地。
民樂街
16 波麗路
重慶北路二段
貴德街
西寧北路
霞海城隍廟
18 蓬萊閣舊址
建成公園
日新國小
迪化街
南京西路
法主公廟
17 維特（ヱルテル）珈琲店
維特是第一家由臺灣人開設的珈琲店。
17 歷史建築黑美人大酒家
天水路
捷運松山新店線
南京西路
甘谷街
長安西路
長安西路
重慶北路一段
臺北當代藝術館
孝國中
臺北市立聯合醫院中興院區
塔城街
延平北路一段
太原路
長安西路
承德路一段
北門站

昔 1935 臺灣博覽會記念臺北市街圖

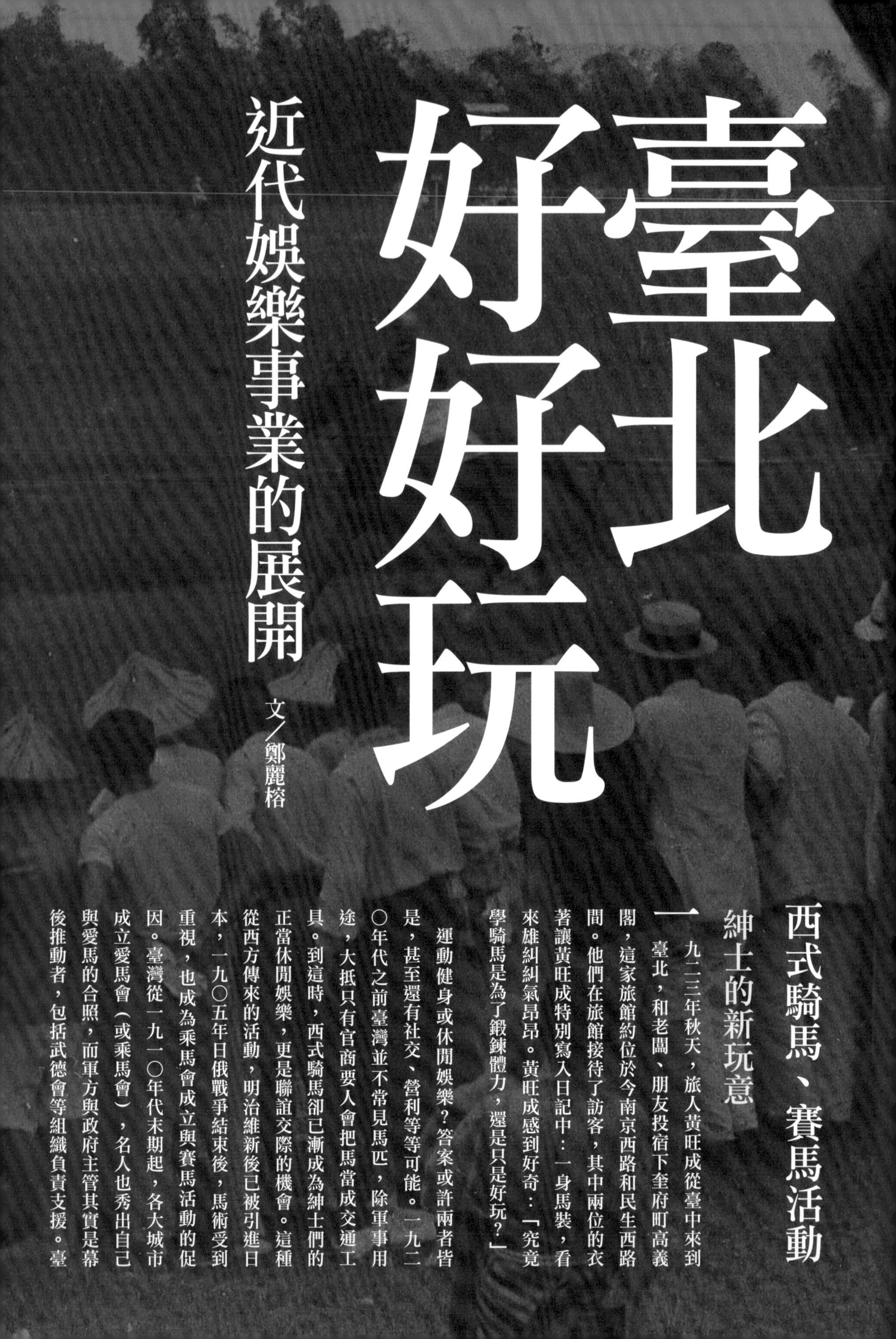

臺北好好玩

近代娛樂事業的展開

文／鄭麗榕

西式騎馬、賽馬活動 紳士的新玩意

一九二三年秋天，旅人黃旺成從臺中來到臺北，和老闆、朋友投宿下奎府町高義閣，這家旅館約位於今南京西路和民生西路間。他們在旅館接待了訪客，其中兩位的衣著讓黃旺成特別寫入日記中：一身馬裝，看來雄糾糾氣昂昂。黃旺成感到好奇：「究竟學騎馬是為了鍛鍊體力，還是只是好玩？」

運動健身或休閒娛樂？答案或許兩者皆是，甚至還有社交、營利等等可能。一九二〇年代之前臺灣並不常見馬匹，除軍事用途，大抵只有官商要人會把馬當成交通工具。到這時，西式騎馬卻已漸成為紳士們的正當休閒娛樂，更是聯誼交際的機會。這種從西方傳來的活動，明治維新後已被引進日本，一九〇五年日俄戰爭結束後，馬術受到重視，也成為乘馬會成立與賽馬活動的促因。臺灣從一九一〇年代末期起，各大城市成立愛馬會（或乘馬會），名人也秀出自己與愛馬的合照，而軍方與政府主管其實是幕後推動者，包括武德會等組織負責支援。臺北的乘馬會成員常利用假日，幾十人一起從市區騎馬到新店或草山（今天的陽明山）郊外，聲勢相當浩大。

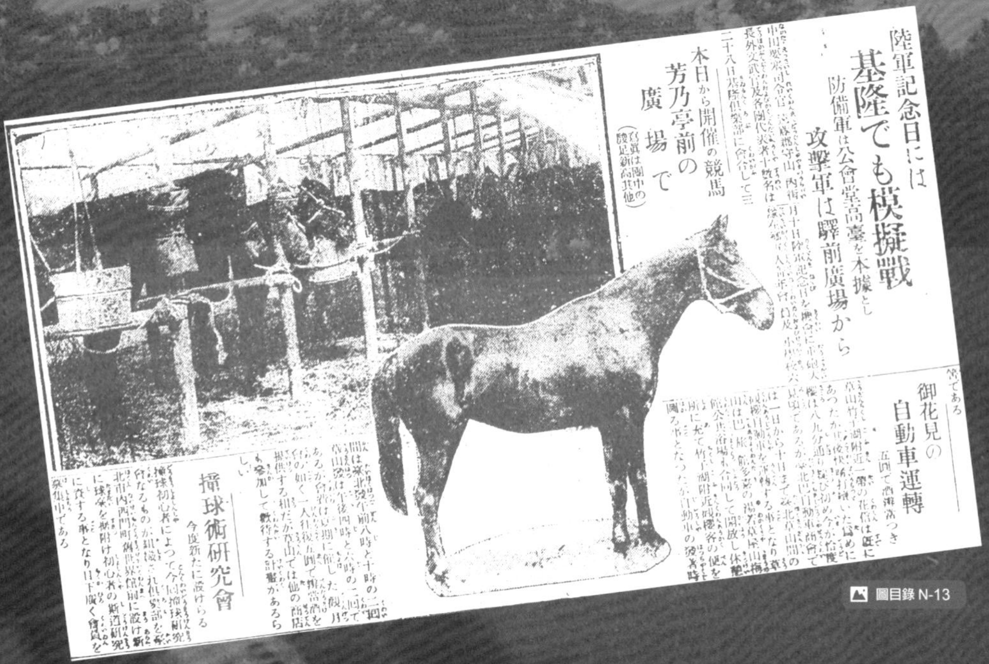
陸軍記念日には
基隆でも模擬戰
防備軍は公會堂高臺を本據とし
攻擊軍は驛前廣場から
本日から開催の競馬
芳乃亭前の廣場で
御花見の自動車運轉
撞球術研究會

圖目錄 N-13

一九一九年八月臺北乘馬會舉行某次以送別為名的騎馬活動，成員一早五點半，二十多人騎著馬在苗圃（今臺北植物園）集合，馬蹄噠噠走上敕使街道（今中山北路），過了圓山，來到臺灣神社 1 列隊參拜，之後再騎回大稻埕，晚間在臺北鐵道旅館（地點約在今臺北車站前新光三越百貨）餐敘。一九二六年一位乘馬會主要成員要回日本，這些同好也一起騎馬把他從寓所送到臺北驛，出發基隆。

當時騎馬的人多半支持賽馬。廿世紀初到一九二〇年代間，軍方的體育俱樂部馬術單位，多次在武德會演武場等地方舉行「撒紙競馬會」，以提倡馬術競技。但這時賽馬主要是騎藝的切磋，還不是營利活動。

揮舞馬券看賽馬

因為賽馬涉及賭博，有影響社會治安的爭議，遲至一九二三年，日本競馬法才法制化，准許販賣馬券。法令通過後，臺灣的賽馬活動也躍躍欲試，一九二四年民間開始試辦具有營利性質的大型賽馬活動，不過出師不利，直到一九二八年後才固定每年舉辦。

圖目錄 D-5　i=7165611

1 臺灣第一次賽馬活動在臺北舉行時，《臺灣日日新報》刊出馬匹照片。

2 一九四〇年代北投競馬場進行賽馬中。觀眾（投注者）有穿西裝、戴草帽的，也有戴斗笠、短褲、赤腳的男子，還有洋裝少女及和服少婦。

圖目錄 N-6

圖目錄 N-7

圖目錄 C-5

以馬為博奕工具，現在會受到動物保護團體大力反對，認為迫使馬匹奔跑及訓練，都違反牠們平時安居的天性。但當時的臺灣動物保護會卻沒有這種觀念，甚至計畫推動具營利性質的大型賽馬活動。臺灣第一回大型賽馬活動，於一九二四年三月一日在臺北築地町（今萬華地區）廣場舉行，共有三千人參加。有一位看過這次賽馬的詩人福田夏蔭，還寫了短詩，描述激烈賽事中馬匹揚塵疾走的狂亂，以及觀眾的忘情吼叫。同月十五至十六日，賽馬移師臺中幸町（今臺中西區）運動場舉行，卻遇到下雨，觀眾極少，主辦者損失約達五百圓。

一九二八年賽馬活動由各地賽馬團體捲土重辦，臺灣總督府確定了馬券的管理方式，活動時間大致定為每年春秋兩季，除臺北外，全臺灣還有新竹、臺中、臺南、嘉義、高雄、屏東設有賽馬場。一九三一年賽馬團體共組「臺灣競馬協會」，對比賽日程、競賽方式、審判及騎手的規定建立統一制度。所有人都可以買馬券下注投票嗎？當然不是，未成年人、學生以及賽馬相關人員是沒有資格的。獲勝的人可以拿到賭金嗎？當時並不是，由於官方把賽馬視為「傲倖」的行為，投注獲勝後不准領取現金，而要拿著獎品券，三至七天內到指定商店兌換獎品。早期一張馬券五十錢，一九三〇年漲為一圓，一九三七年臺北的馬券漲到二圓。到一九三八年，戰爭氣氛中，急於鼓吹馬事觀念、亟需財源的總督府公布「臺灣競馬令」，讓投注馬匹獲勝的人可以直接領得獎金，票面金額也分為四種，更加多元化。但隨著戰事緊迫，賽馬活動只辦到一九四二年就中止了。

臺北舉行過賽馬的重要場地包括圓山運動場5、練兵場、北投競馬場等地。一九四一年北投競馬場曾發生食物中毒事件，二十多名觀眾吃下便當後發病，其中數人病情嚴重，引起臺北州衛生課和警察介入調查，是臺北賽馬歷史中的一段小插曲。

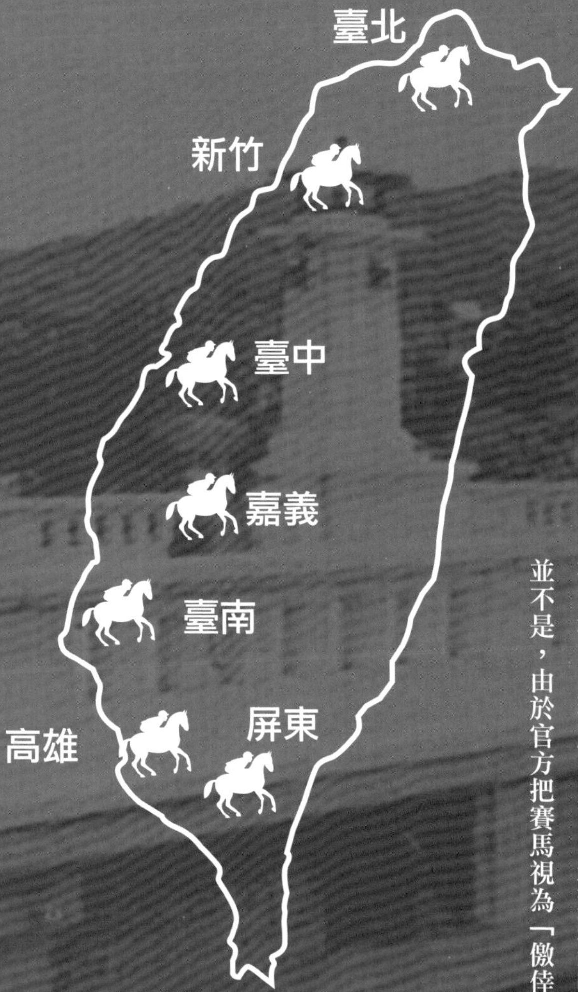

1 臺北練兵場（今青年公園）也舉行過賽馬活動。
2 圓山運動場曾是賽馬舉行的地點。
3 明治橋（戰後更名為中山橋，二〇〇二年拆除）聯結圓山公園與臺灣神社，穿越基隆河，利用此橋可前往近郊的娛樂設施。
4 日治時期臺灣有七個地方設有賽馬場。

圖目錄 N-7

都市裡的人造自然 圓山動物園

民眾旅遊聖地

參訪動物園是許多家族的回憶，近一百年前，一九一六年時，瀛社詩人小維摩（王少濤）就用一首古詩，來訴說他們父子倆到圓山動物園遊玩的趣事。詩人在黃昏時分帶著三歲孩子出門散步，行過明治橋 [3] ，在幽靜的氣氛裡走進動物園。小孩看到柵欄裡圈養的動物，把狼說成是狗，老虎說成是貓，鹿則被他看成馬。作父親的一次次指點，孩子一聲聲回應。突然，老虎迎著風吼嘯起來，孩子嚇得張口大驚。回家時天都黑了，幾點星光中，和鄰人談起動物園發生的事。

這年四月圓山動物園 [4] 才正式開幕，它座落在臺北近郊圓山公園，遠離市囂，地勢高低變化有致，可供遊玩一日而不倦。由於有淡水線經過，交通非常便利，出遊費用也不高，根據同一年估計：從市區出發往返車資八錢，入園費大人每人五錢，小孩三錢。

還沒有圓山動物園之前，傳統雜耍藝人帶著猴子或狗兒等小動物，在農閒空檔出現；十九世紀末、廿世紀初，馬戲團來到臺灣的城市，在年節或重要假期時到各地巡迴表演，把許多大動物帶到觀眾眼前。像是臺北新起街市場（今西門紅樓）就曾臨時搭建簡易小屋，在裡面展出新加坡老虎、印度蛇、熊、袋鼠、駱駝、蝙蝠及猿等，民眾感到很罕見希奇，日本馬戲商人看準這個商機，一九一四年就在圓山公園裡開設一家定點的私人動物園。一年後，臺北廳為慶祝日本大正天皇登基典禮，想以設立臺北公立動物園來當賀禮，就買下原先圓山的私人動物園，再進一步擴充，把總督府博物館一九一三年於苗圃（今植物園）設置的小型動物園中多數動物移來，又向東南亞泗水動物園等增購動物，新貌的圓山動物園就正式在一九一六年開幕，成為與臺灣民眾關係密切的動物園。

外來的遊客來臺北時，也常去看圓山動物園，因為臺灣神社就在橋的另一端，參訪神社的人多半順便到圓山動物園遊玩。往郊外走更遠一點，可以去北投或草山（今陽明山）泡溫泉。秋天一到，蜂湧到北部來「修

圖目錄 N-19

圖目錄 N-1

學旅行」的學校團體更多，熱門到動物園應接不暇，官方因此特別規定要在一星期以前預約。

附帶一提，管過動物園的有財務課、社會課、教育課等，戰爭結束前是在土木課內，與公園及遊園地、史蹟名勝天然記念物等事項，都由庶務單位管理。戰後才改由教育局主管。

被移民的動物

第一頭長住圓山動物園的大象是林旺？不是，是已經被多數臺北人遺忘的瑪小姐。牠出生在東南亞，一九二六年八月十五日與馴養人從新加坡搭上貨船「山形丸」，經過香港抵達臺灣基隆，坐火車貨櫃到臺北車站，再一步步走進圓山動物園，前後住了廿三年。牠的工作是給孩子們騎乘，動物慰靈祭時擔任動物代表跪拜。

畫家們喜歡到動物園寫生，以動物為臨摹對象。動物園自豪擁有許多「珍獸」，但畫家立石鐵臣注意到動物離開棲地後，在新居地適應困難的問題。棕熊原棲息地是寒帶，猩猩住在森林裡，他認為圓山的風土都不適合牠們。紅毛猩猩一郎是動物園寫真集的封面主角，在獸檻內張大嘴並伸出利爪，威猛極了。但立石鐵臣觀察到牠在籠檻裡，不斷舉手、抬腿、跳搖搖舞以及打哈欠。他也呼籲人們好好看一下柵欄裡的棕熊——被烈日曝曬到全身掉毛，用儼然的姿態努力在柵欄內過完一生。

林旺和馬蘭是戰後圓山動物園最有名的明星動物。馬蘭是一九五二年從泰國買來，入園後被訓練作動物表演。林旺則是一九五四年由孫立人將軍贈與圓山動物園，戰時是日軍在緬甸的工作象隊成員，搬運彈藥及補給。被滇緬遠征軍俘虜後，沿滇緬公路帶入雲南，經貴州、廣西到廣東，沿途從事簡單的表演賺取飼料費。兩象在臺北新舊動物園

3 | 2 | 1

1 圓山動物園最早飼養的小母象瑪小姐，牠生活在園內廿三年（一九二六～一九四九），展場和遊客距離很近，圖中有人舉起手杖指向牠。

2 圓山動物園是全臺灣學校「修學旅行」時經常到訪的地點。圖為一九一三年的圓山動物園入口。

3 設在今天二二八和平紀念公園的始政四十週年記念博覽會第二展場，其中的兒童國就是採遊樂園規畫。

（一九八六年木柵新園開幕）約半世紀，至廿一世紀初病歿，死後製成標本展示。動物園將兩象擬人化、寵物化，以人類社會主流觀念的一夫一妻組合形塑兩象。動物園自一九八三年起年年為公象林旺慶生，讓大象成為市民共有的寵物。二〇〇三年林旺過世，臺北市追發榮譽市民證，感謝牠「陪伴我們走過半世紀」，總統府也致贈花籃，稱牠為「永遠的朋友」。可以說林旺已成為動物園創造的溫馨和諧回憶的代言人。

兒童的天堂

第一次兒童遊園化時代

一九三四年臺北市役所收購圓山動物園鄰近土地，成立兒童遊園地 2 ，附屬於動物園。地點在基隆河畔，有涼亭、噴水池、花壇，也提供運動遊戲的機具，包括鞦韆、溜滑梯、迴旋塔、迴旋椅、飛行塔、旋轉木馬等，竣工及開園式在一九三八年七月廿一日舉行。

這其實是臺灣第一次兒童遊園化時代，之前遊樂場所沒有特別考量兒童的需求，一九一〇年代起設立的遊樂園是朝向一般大眾，以自然勝景為主題，如北投或關仔嶺的溫泉及公共浴池。

圓山公園如同西方都市公園「都市之窗」規畫，是市民吸取新鮮氣氛的所在，可作自然遊賞，也具有推廣社會教育及國民體育的功能。園內設有動物園、運動場及圓山貝塚史蹟，並遷來欽差行臺（戰後成為動物園標本館所在地）。而同在一九三〇年代，圓山公園進一步公共娛樂化，動物園於夏季夜間開放，舉辦活動供市民「納涼」，遊園地也是另一個娛樂化指標。

在一九二〇年代中期到一九三〇年代間，各大城市開始流行設立小型遊樂場及遊園地，陸續興建以兒童及青少年為對象的公共設施。例如一九二七年初臺

圖目錄 N-17

圖目錄 N-17

北的新公園就在公園南端為兒童設置了鞦韆、溜滑梯等；一九三〇年代則有圓山公園的兒童遊園地、大稻埕的下奎府町兒童遊園地，另有全臺規模最大的新竹公園遊園地以及嘉義遊園地的計畫。高雄也沒自外於這股遊樂園風潮，一九三四至三五年間，壽山小公園設了兒童遊樂區，飼養來自東港郡小琉球的梅花鹿，附近也興建兒童運動場。

遊樂設施成主流

近代博覽會很早就有了遊樂園的雛形，如一八七三年的維也納萬國博覽會出現摩天輪、旋轉木馬等大型遊樂機械。日本帝國中，最早於一九〇七年東京勸業博覽會上首見摩天輪，展覽結束後這項設施移設於東京淺草六區公園。臺灣則到一九三五年舉行始政四十週年記念博覽會，才出現兒童遊樂園的展場，第二會場新公園（即今日二二八和平紀念公園）中「子供の国」（兒童國），有飛行塔、兒童汽車、大象溜滑梯等，這些遊樂設施在博覽會結束後，仍維持於公園內。

戰後臺灣第二次的遊樂園風潮則是在一九六〇年代末、一九七〇年代，當時許多觀光區走向遊樂園化，以動物展示及表演，結合各項遊樂設施及娛樂演出作為吸引遊客的賣點，政府也鼓勵民間對風景區做遊樂園式投資。如臺北近郊由私人經營的烏來雲仙樂園，將原有鹿園予以擴建，收購世界各地珍禽異獸，並設表演場，另有水族館、室內外兒童遊樂場、原住民歌舞與其他遊樂設備。議員在談新北投溫泉風景區的規畫時，也指出觀光地區必備的育樂設施為「保齡球館、育樂館、體育館、大規模兒童樂園、溜冰場」，以及「現代化的動物園」。直到一九八〇年代動物福利觀念推廣，動物表演的熱潮才從遊樂園裡退出。

1 兒童國裡的設施，包括飛行塔、兒童汽車、大象溜滑梯等。
2 兒童汽車也是受歡迎的設施之一。
3 一九五〇至一九六〇年間的臺北兒童樂園摩天輪。

臺北
娛樂設施
今昔地圖
1 圓山大飯店
2 臺北市立兒童育樂中心舊址
3 中山橋
4 圓山動物園舊址
5 花博公園爭豔館
劍潭國小
承德路四段
捷運淡水信義線
新生高架橋
北安公園
北安路
明倫高中
重慶國中
敦煌路
中山高速公路
基隆河
花博大佳河濱公園區
圓山遺址
哈密街
中山橋
圓山河濱公園
承德路三段
玉門街
臺北故事館
臨濟護國禪寺
圓山轉運站
臺北市立美術館
林安泰古厝
庫倫街
圓山站
花博公園圓山園區
酒泉街
中山北路三段
蘭州國中
中山足球場舊址
花博公園美術園區
花博公園新生園區
民族公園
線型公園
民族西路
民族東路
大同大學
聖多福天主堂
承德路三段
德惠街
私立大同高中
雙城街
林森北路
中山北路三段
稻江護家
大同國小
農安街
中山國小

昔 1945 美軍航照影像
1 臺灣神社
2 兒童遊園地
3 明治橋
4 圓山動物園
5 圓山運動場舊址（後為臺北陸軍病院圓山分院）

戲夢人生

五光十色的戲院與電影院

粉墨登場作戲看

廟口前搭起的戲臺張燈結綵，生旦淨末種種角色粉墨登場，鑼鼓鐃鈸、絲竹琴箏聲中，各自展開身段張口念白，演繹歷史上耳熟能詳的王侯將相與才子佳人，鄉里觀眾看得目眩神馳、如痴如醉。這樣的民情風俗，在清代已成臺灣本地的特色一景，引起渡海來臺的官員文人注目留意，時有「舉國若狂」、「靡日不演戲」、「演唱累日夜」的記載。臺島居民不分男女老少俱愛看戲，每逢祭祀酬神、喜慶宴會，必定要熱熱鬧鬧地請戲娛樂，潮腔、梨園、崑曲、亂彈、四平、京班等等大戲接連傳入臺灣，另外還有車鼓戲、採茶戲以及後起之秀歌仔戲等等，均在南北各處搬演，廣受歡迎。

這些戲班大多在廟會臨時搭建野臺進行表演，有富紳豪商為招待賓客，在宅邸中特別修築典雅的戲臺和觀戲樓，如霧峰林家的大花廳、板橋林本源園邸的來青閣，眾多名人雅士成為座上客。臺北城內的天后宮和布政使司衙門

亦設有舞樂堂戲臺，臺灣巡撫劉銘傳、板橋林家豪紳林維源都曾邀請戲班渡海在此演出，傳為佳話美談。由於來臺戲班絡繹不絕，日治初期開始興建專供中式戲曲表演的室內劇場，臺北首先由日人集資，在下奎府聚街南側建造了淡水戲館（後新舞臺戲館）6，入口正面為樓閣飛簷等中式建築風格，山牆上以雙龍弄玉的浮雕裝飾，開館之後座無虛席、票房極佳，演出檔期供不應求，因此後續在艋舺、大稻埕等地又興建了艋舺戲館、雙連座10、永樂座9與第一劇場7，以滿足熱烈捧場看戲的本地觀眾。

東瀛演藝飄洋來

而島都臺北在日治時期為日籍人口最密集的都市，日本官民日常娛樂免不了聽曲看戲，經常聘請日本演藝團體來臺巡迴全島，例如觀世、寶生、喜多諸流能劇與狂言，以及歌舞伎等各種劇團，上演傳統劇碼如《一谷嫩軍記》、《義經千本櫻》、《假名手本忠臣藏》、《俠客助六》、《夜討曾我》、《伊勢音頭戀娭刃》等等。另外也有浪花節、義太夫、長唄等樂曲演奏，和日本舞踊、新式舞團等遊藝興行。

日式演藝表演的演出地點，初期以明治時期盛行的寄席劇場[1]為主，有位於北門附近、外觀為歐陸洋樓風格的浪花座，以及西門外的臺北座、十字館、芳野座等劇場，設有榻榻米席位，收取入場費，同時出租坐墊營利。之後又興建了兩百七十餘坪的大型劇場榮座2，可容納一千五百名觀眾，西洋音樂演奏會與歌唱合聲活動也於此演出。由於日式劇場營業興旺，後來亦帶動更多中式劇場與電影院的投資。

1 寄席劇場：日本江戶時期的說書與演藝活動原先是借用寺廟場地來舉辦，後來逐漸演變為專門的演出場地，設有舞臺以及榻榻米座席，表演說書、漫才、落語、浪曲、淨琉璃等等，於明治維新後大為興盛，近似於現代的小劇場。

➜淡水戲館是中式劇場，正面外牆上有雙龍弄玉的裝飾，演出以梨園京劇為主，上海老德勝班曾於此粉墨登臺。

圖目錄 N-20

光影變幻銀幕夢

戲曲表演外，新潮時髦的電影也很快傳到臺灣，臺北於一九〇〇年即上映法國盧米埃兄弟拍攝的生活電影短片，躍動的影像頗受觀眾好評，民間團體紛紛邀請放映師在活動中播放電影，供會員或大眾娛樂。起初的電影為無聲電影（默片），包含時事新聞、風景記錄、劇情影片等等；放映時舞臺一側有專門負責旁白的辯士解說內容，以及樂隊演奏音樂，臺下服務生穿梭席間販賣點心茶水，而觀眾進場不準時的習慣則始終皆然。

本地最熱門的電影，是來自上海電影公司拍攝的華語影片，取材自傳統故事如《西遊記盤絲洞》、《孟姜女》，以及新型態武俠動作片如《火燒紅蓮寺》等等；之後由臺灣自行籌資拍攝的《望春風》搭配同名經典歌謠，在大稻埕永樂座上映，也十分叫座。日本電影和歐美影片亦大量引進臺灣，舉凡時代劇《水戶黃門》與《鞍馬天狗》、史詩鉅作《賓漢》、冒險電影《阿里巴巴》、《金剛》、卓別林的喜劇片《摩登時代》、《淘金記》，甚至第一屆奧斯卡影后珍妮蓋諾（Janet Gaynor）當時以二十二歲妙齡演出

圖目錄 G-2

圖目錄 N-6

圖目錄 N-19

圖目錄 C-11

圖目錄 N-19

圖目錄 C-8

獲獎的《第七天國》，以及她後來主演的多部浪漫電影，都先後在臺北上映。

早期臺北的電影院多半由戲院改裝而成，兼顧戲劇演藝與電影放映，節目輪番交錯，吸引觀眾入場。而電影聲光技術的發展非常快速，推陳出新的故事劇情更加符合大眾喜好，很快就超越傳統戲曲獨占鰲頭，專門播放電影的新式電影院如雨後春筍般開設，像是於一九二〇年落成，位在西門町圓環的新世界館 1 ，設有兩層樓座位，可容納一千七百名觀眾，時常播放海外影片，並附設有西洋餐廳，外牆上掛有巨幅宣傳海報廣告，相當引人注意。西門町周邊陸陸續續形成了電影圈，有電影院大世界館 4 、新世界館、第二世界館、國際館 3 、榮座隔鄰的臺灣劇場，以及劇場兼營電影的榮座、芳乃館 5 ，代理各地影片，競爭激烈，在戰後持續發展，延至今日，化身繁華的西門電影街。

頭頭是道觀戲樂

近代都市化發展往往伴隨著大眾傳播媒體的興起，戲曲電影這些營利表演事業自然而然借助報紙雜誌宣傳招徠觀眾，如《臺灣日日新報》、《臺灣公論》、《臺灣婦人界》，經常設有演藝專欄與宣傳廣告，介紹最新檔期的節目，有時還會刊登大幅劇照，傳達出演員動人的神情姿態。此外報導戲曲電影的專門刊物也應運而生，有《映画生活》、《臺灣藝術新報》、《映畫往來》、《演藝とキネマ》、《UTOPIA》等等，專文詳細評論近期最熱門的演出。

例如一九三二年在臺上映，由好萊塢著名巨星賈利古柏（Gary Cooper）主演的黑幫動作片《市街》，由日籍臺籍多位人士撰寫影評，從各方面探討本片運鏡轉場之流暢、刺激的飛車追逐剪接、音效逼真身歷其境、配樂緊扣劇情糾葛起伏，以及畫面喻意表現等等，除感官表現精彩外，也與現代都會犯罪嚴重作對比感想，可見當時影迷觀影之廣博深度。

百年來日日夜夜上演不輟的連場戲劇與電影，無論是京班華麗的繡服臉譜、日本漂浪天涯的劍俠演歌，或西方節奏的爵士拉丁歌曲，這些盛極一時的豐富流行影音能量，都隨著本地觀眾反覆的欣賞喜好，浸漸滲透入臺灣演藝表演中，融為我們文化藝術的創作元素。

圖目錄 C-8

1 榮座是一座木造大型劇場，落成於一九〇二年，為表演日本戲劇演藝而興建。
2 臺北檢番藝伎連於臺灣博覽會時，在臺北市榮座表演宣傳歌曲。
3 公會堂由臺灣總督府營繕課長井手薰設計，為官民各界團體的集會場所。現址為中山堂。
4 臺灣技術協會在公會堂舉行電影觀賞會，播放一九三八年的兩部電影《德州人》（テキサス人）與《巴黎的淘金者》（夜は巴里で），招待會員與其家屬。
5 臺灣博覽會時，來自上海的京劇班於大稻埕分場演藝館演出，由著名演員「小三麻子」李吉來扮演關公，表演捉放曹、華容道等劇目。
6 第一劇場由陳天來之子陳清波投資興建，樓高三層，落成時邀請了上海鳳儀京班獻藝。
7 永樂座由大稻埕茶商陳天來投資興建，外牆上有藝術女神捧燈的半身雕像，為著名的劇場與電影院。

3 國際館電影院

國際館為日本東寶電影公司旗下的電影院，戰後改為國際戲院，現址為萬年商業大樓。

4 大世界館電影院

大世界館由擁有世界館電影院體系的古矢家族投資，設有冷氣與包廂，現址為大世界商業大樓。

1 新世界館電影院

新世界館電影院外型為歐式建築，由古矢正三郎投資經營，時常放映歐美電影與日本電影，外牆上掛有宣傳電影的鉅幅海報與旗幟。

圖目錄 G-2

圖目錄 N-7

5 芳乃館劇場

芳乃館是臺北市最早的劇場之一，早年表演日本演藝，後來也兼作電影院，現址為國賓大戲院。

2 榮座劇場

榮座後改名為共樂座，與隔鄰的臺灣劇場，戰後改為萬國戲院與中國戲院，現址為商業大樓與絕色影城。

圖目錄 C-3

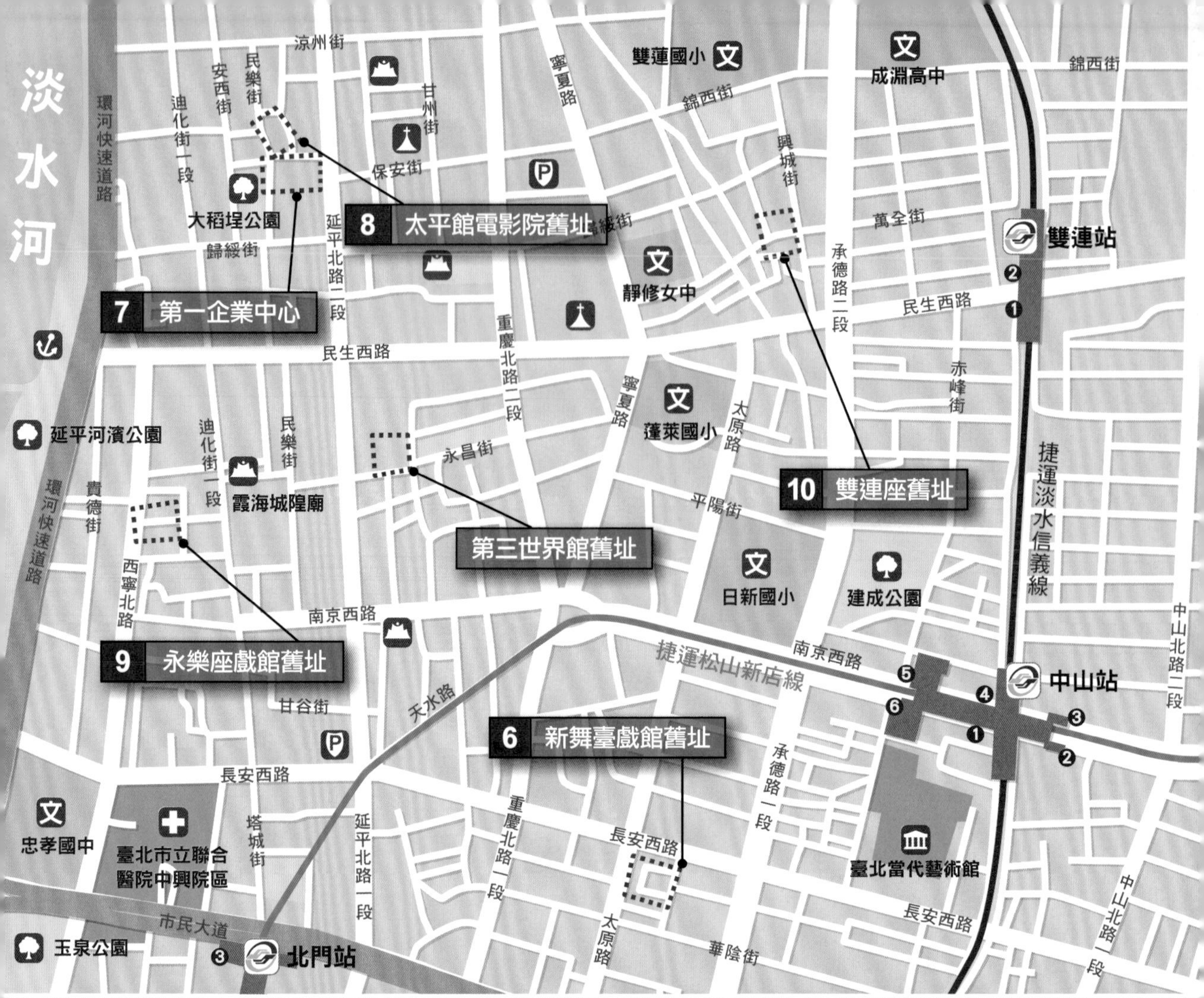

6 新舞臺戲館

新舞臺原名淡水戲館，表演中式戲曲，由豪商辜顯榮向日本人購買經營，於二戰時被美軍炸燬。

圖目錄 N-7

大稻埕劇場影院今昔地圖

昔 1945美軍航照影像

9 永樂座戲館

永樂座由大稻埕錦記茶行茶商陳天來投資興建，戰後改為永樂戲院，現址不存，約位於迪化街一段46巷。

8 太平館電影院

太平館由張清虎投資興建，戰後改為國泰戲院，現址不存，約位於延平北路二段210巷9弄。

7 第一劇場電影院

第一劇場由大稻埕茶商陳天來之子陳清波投資興建，設有冷氣，現址為第一企業中心。

軒社藝閣大車拚

博覽會中的媽祖遶境 謝范將軍人氣王

文／張家珩

子弟軒社，以樂敬神

清乾隆、嘉慶後，大量福建泉州府移民跨海沿淡水河靠岸，定居臺北艋舺，隨貿易經商與人口漸增，愈發興盛，有「一府二鹿三艋舺」的美稱，廟會活動也在此時隨同漢人移民一起進入臺灣。漢人移民因具有「地緣性」與「祖籍神」兩大要素，產生的聚落，以供奉祖籍地神明的廟宇為活動中心；當地良家子弟或富家子弟組織成業餘社團，學習各種曲藝或武藝，稱為「子弟團」。「子弟團」的演出場合又以廟會活動為多數，因此，在廟會祭典及慶典活動中都扮演著重要角色，其中也包括在遶境行進間，或各種慶典祭祀場合演奏北管樂曲的「子弟軒社」。

北管在臺灣的音樂團體分為兩大派系，以奉祀不同戲曲神明區分：奉祀「西秦王爺」的福祿派，團名用「社」字；奉祀「田都元帥」的西皮派，團名則用「軒」或「堂」字。而由軒社演奏北管帶領謝、范將軍神將（俗稱七爺、八爺）走在前頭，護衛神明巡境，可說是臺北廟會中濃厚的「軒社風格」。目前臺北地區最早有文獻記載的北管軒社活動，可推至清咸豐年間（一八五一至一八六一）的艋舺新義軒（現已不存）。

圖目錄 C-3

圖目錄 C-3

蓬勃興盛，民官投入

咸豐三（一八五三）年艋舺發生「頂下郊拚」械鬥事件，下郊的同安人退敗至大稻埕，並將原本奉祀於艋舺的霞海城隍迎至大稻埕，後於咸豐六年建廟完成。清同治十（一八七一）年時，為配合霞海城隍老爺 2 的祭祀活動，大稻埕地區從商的信徒們集資，赴福建福州恭塑謝、范二將軍神將組成靈安社，是為大稻埕地區最早的軒社，而城隍遶境活動的規模，相傳於清光緒五（一八七九）年開始已十分盛大。此時，不論是艋舺或大稻埕地區，都有興盛的廟會活動與從中活躍的軒社子弟團。而這樣活絡的宗教活動在清光緒二十一年、日本明治二十八（一八九五）年，因中日甲午戰爭所簽訂《馬關條約》，將臺灣割讓給日本後停止，直至明治三十一年，霞海城隍遶境活動才正式恢復，其後因殖民政府並未過分干預本島的迎神活動，又逐步興盛起來。到明治三十八年時，《臺灣日日新報》用「本島第一之城隍祭典」來形容其遶境規模盛況，其他地區廟會活動也逐漸恢復舉行；南北鐵道開通後，更大大增加各地宗教活動交流的便利性。

2 1

1 大稻埕城隍廟祭典，吸引許多民眾圍觀。

2 臺灣人為祭典花費大筆金額也在所不惜，遊行隊伍十分講究。

時間來到大正年間，此時日本殖民下的臺灣生活環境逐漸趨於穩定，各宗教、休閒娛樂活動開始蓬勃發展。大正五（一九一六）年，臺灣總督府為宣揚始政二十週年成果，在臺北舉辦「臺灣勸業共進會」，其中，為迎合本島人的休閒娛樂習慣，並冀希帶來人潮，會期又適逢媽祖誕辰，因而首度將臺灣廟會活動帶入博覽會節目中，安排北港媽祖在共進會期間至臺北遶境。大正九年，為慶祝始政二十五週年，欲藉民間迎神賽會活動大為宣傳，於是積極介入祭典活動，並改變其型態，如禁止乩童、管制遊行秩序……等；官員也親自參觀並參與評選軒社藝閣之優劣。祭出獎賞誘因後，各軒社藝閣無不使出混身解數，賣力裝演，大大提升廟會活動的可看性。同年，臺北實施市制，將艋舺（萬華）、大稻埕和臺北府城（城內）三市街整合成最早的「臺北市」，但這樣的市街整合，並不表示艋舺與大稻埕地區的各種較勁會因此消失。

臺灣祭禮の大人形（臺灣風俗）
(3) THE GREAT PUPPET OF FESTIVAL, FORMOSA.
圖目錄 J

海外邀訪不斷

大正十一年，東京平和博覽會中，位於各殖民地館第二會場的臺灣主題館，在宣傳時思考需有畫龍點睛的活動，原欲邀請大稻埕城隍祭典中的謝、范將軍（七爺、八爺），最後透過《臺灣日日新報》的策畫、聯絡，由艋舺義英社的謝、范將軍出征，是臺灣的軒社與謝、范將軍神將首次海外演出。義英社慎重其事，順途於上海為二將軍採買花靴，並於福州添購新衣。臺灣館臺灣日的首演大獲好評，決議再辦第二次臺灣日活動，甚至主場第一會場也來邀請謝、范將軍為其拉抬人氣。不知是否與此次演出大成功有關，隔年日本裕仁太子訪臺，日本當局即邀請臺灣各地知名北管、南管軒社與會歡迎，大稻埕與艋舺兩地參與名單包括靈安社、義英社、合義軒、長義軒、協議軒、金義社、晉義軒、三義軒、清義社、鳳音社、龍音社等。而成為人氣王的各軒社謝、范二將軍此後更受到日本方面多次邀約：大正十四年，大稻埕新安樂社謝、范將軍神將受吳服商聘往大阪博覽會；昭和二（一九二七）年受邀至東京殖產博演出；昭和三年大稻埕共樂軒謝、范將軍神將赴仙台參與東北博覽會、昭和四年大稻埕平安樂社謝、范將軍神將赴東京臺灣博覽會……等，儼然成為代表臺灣的親善大使。

爭奇較勁大拚場

大正十四年，為參與慶祝始政三十週年活動，艋舺人士決定迎請北港朝天宮媽祖參與遶境活動，增添光彩。此次迎請到最早由湄洲和尚帶來的第一尊媽祖像，俗稱「祖媽」或「大媽」，而這也是北港祖媽首次被迎出。除此之外，各軒社、團體則祕密籌備藝閣及其他參與內容，宣稱天機不可洩露。會這麼神祕，一方面是因為艋舺各軒社對此次演出內容評審計分，另一方面也是為了與大稻埕較勁。大稻埕地區為了與艋舺一較高下，則出動龐大的迎媽祖隊伍，除了恭迎同樣來自北港朝天宮的正二媽外，還迎來臺南、彰化、新港、鹿港、關渡等各宮媽祖，活動期間安置於稻江慈聖宮 1 內。擇定於六月廿日舉行遶境活動，並從六月十七日至廿六日由平安樂社、共樂軒、慶安社、靈安社，南樂社、新樂社、隆華軒、清華閣，輪番於慈聖宮前獻技演出。遶境當日數十音樂團亦展出新製繡旗數面、數團獅隊、三臺蜈蚣閣及近百藝閣等，爭奇鬥豔、場面浩大。

緊接著廿三日，是艋舺迎媽祖的日子，除迎請北港祖媽外，另有龍山寺觀音佛祖 6 、清水巖清水祖師 5 、青山宮靈安尊王 4 、新興宮天上聖母 3 ……等。可惜中途遇雨迫使遶境中斷，地方人士深以為憾，決議於始政三十週年博覽會最後一日廿八日重啟遶境，陣頭規模比廿三日更加盛大。廿八日適逢周日，觀覽民眾熙熙攘攘、兩旁道路擠得水洩不通。艋舺地區各軒社藝閣、商家團體使出渾身解數的祕密陣容正式揭曉：義安社的藝閣擺出九曲黃河陣及七擒七縱故事，並裝置各種機關獸，獸口會噴煙火；義英社則是出了一團由數十少年扮演的義勇團，和日本七福神及裝飾桃太郎故事的藝閣；另有西門市場生魚商團，裝飾浦島太郎及各種水族類，各臺藝閣串連在一起，隊伍有如蛇狀在路上蜿蜒前行，一看就知道是魚商的廣告。同日，大稻埕恭送各宮媽祖回鑾，一路遶街至臺北車站。

博覽會期間，各地媽祖與諸神和軒社藝閣讓臺北市好不熱鬧。這樣的活動不但提升主辦及受邀廟宇的知名度，亦能促進地方產業的發展，直至始政四十年博覽會仍保有媽祖遶境活動，便可想見當時廟會活動的熱鬧與活絡，以及各地子弟軒社在祭典以及慶祝活動中的重要性。

1 一九二二年，著新服新靴，至日本東京平和博覽會演出的艋舺義英社謝、范將軍神將。

2 曾獲日本邀請至仙台參與東北博覽會的稻江共樂軒謝、范將軍神將。

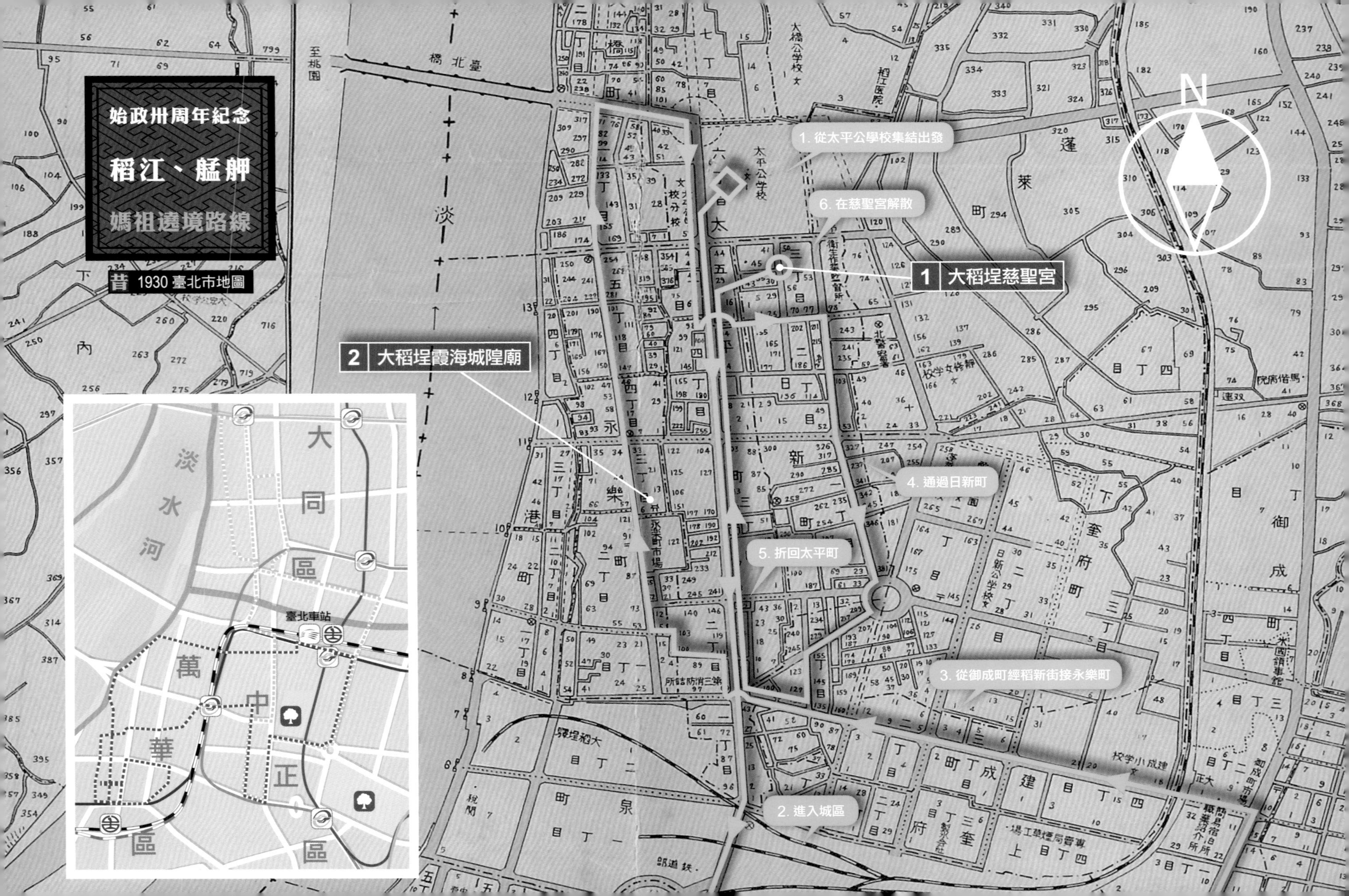
始政卅周年紀念
稻江、艋舺
媽祖遶境路線
昔 1930 臺北市地圖
1. 從太平公學校集結出發
2. 進入城區
3. 從御成町經稻新街接永樂町
4. 通過日新町
5. 折回太平町
6. 在慈聖宮解散
1 大稻埕慈聖宮
2 大稻埕霞海城隍廟
N
臺北車站
淡水河
大同區
萬華區
中正區

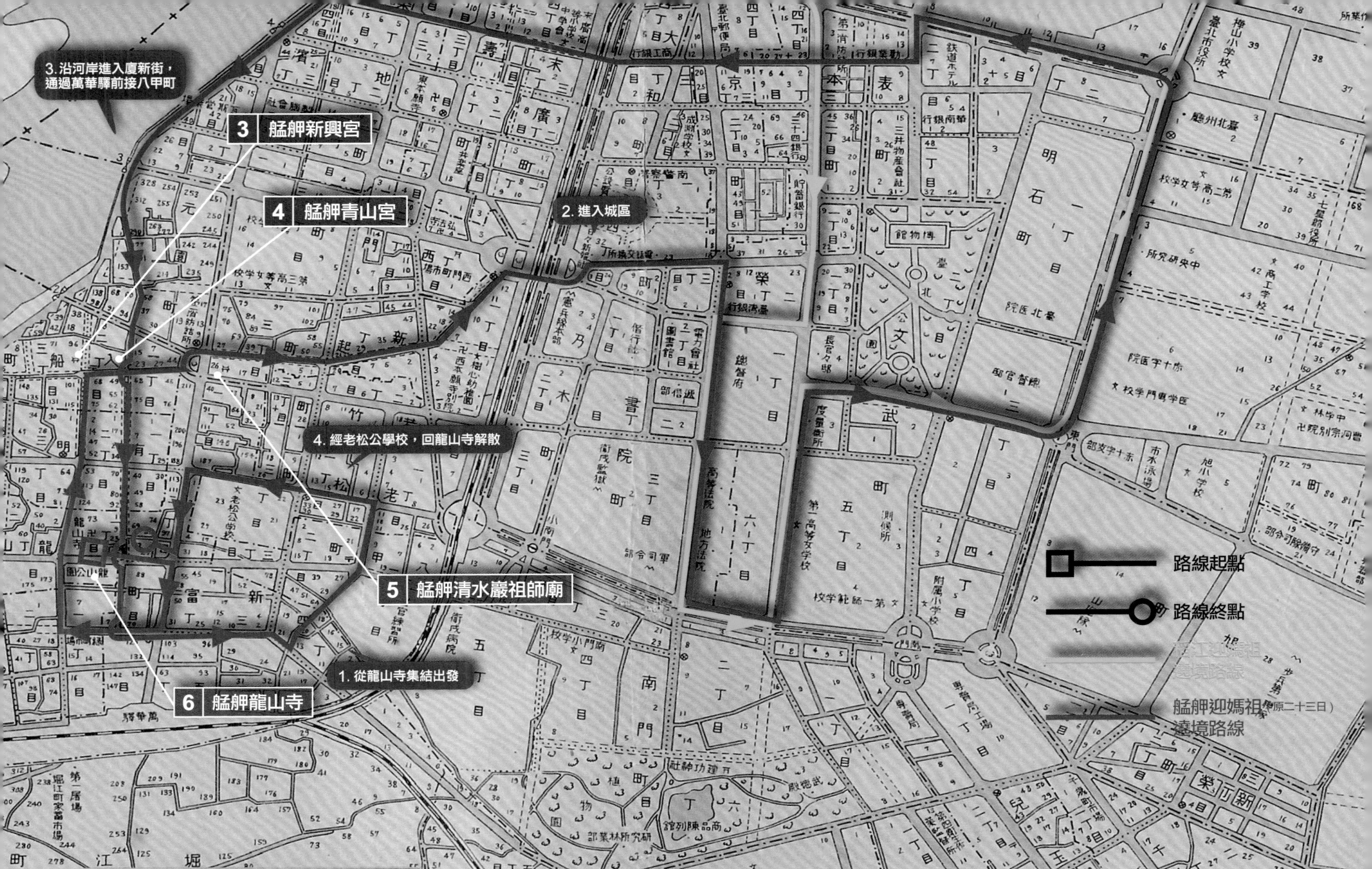
3. 沿河岸進入廈新街，通過萬華驛前接八甲町
3 艋舺新興宮
4 艋舺青山宮
2. 進入城區
4. 經老松公學校，回龍山寺解散
5 艋舺清水巖祖師廟
1. 從龍山寺集結出發
6 艋舺龍山寺
路線起點
路線終點
艋舺迎媽祖
遶境路線

戀愛遊戲

珈琲店裡的酒香與女人香

文／廖怡錚

酒過三巡的凌晨兩點，若還想續攤，就到萬華的友鶴珈琲店吧！進門後換上日式浴衣，穿著洋裝的女給嫵媚地坐上大腿，如果你是年輕瀟灑的摩登男子，不僅上下其手ＯＫ，或許還能獲得更進一步的親密接觸！

摩登休閒新去處

一九三〇年代於臺灣颳起的珈琲店熱潮，不僅是大眾休閒的新去處，更是一個充滿摩登、情色、曖昧的灰色業種。與販賣珈琲、紅茶、點心等輕食類的喫茶店不同，珈琲店主要提供的是摩登及模擬戀愛遊戲的氛圍，最後甚至遊走於情色產業的邊緣。店內的靈魂人物為「女給」，亦即女服務員，年齡多在十四至廿五歲間，裝扮摩登，陪侍顧客喝酒聊天。收入來自顧客小費，多寡則依憑個人交際手腕而定，最高可達月收貳百圓以上（當時教師月收約為五十至六十圓，店員、事務員等則多在三十至四十圓）。收入雖非穩定，但由於不需學歷及特殊技能，又有摩登、自主等象徵新時代女性的字詞包裝，在當時吸引許多年輕女性上門應徵。

夜晚漫步在臺北街道，行至末廣町一帶，抬頭便會注意到日活珈琲店 4 的絢麗霓虹看板。入口的假山造景，搭配中央的噴泉以及四周的綠樹盆栽，宛如伊甸園般讓人忘卻憂慮。附近的永樂珈琲店 3，則是充滿殖民地風情的熱帶景致，以優雅的庭園造景聞名業界，並用筆筒樹、岩洞、石屋打造室外庭園，使人彷彿置身山林深處，室內也有足以容納八十人的大宴會廳；店內女給風格多元，艷麗系、天真爛漫系、療癒系等兼具。

位於榮町的南國珈琲店 5，則走高尚風雅路線，店內女給也是高雅文靜的氣質型美女。築地町的我的巴黎（モンパリー）珈琲店 2，希望隨時都能帶給顧客耳目一新的感覺，因而隨季節變換室內設計，春天為櫻花；夏天擺飾盆栽，加以噴泉、小水池增添清涼氣息；秋天則是火紅的楓葉；冬天便以雪白顏色為基調。由於店家對室內設備，如沙發、窗簾布料等十分講究，就連店內的酒保、服務員等，也是由日本聘請而來的專業人員，消費價位較其他珈琲店高出一成，卻也培養出老主顧，成為「我的巴黎黨」（當時將喜愛上珈琲店消費的顧客以日文稱為「珈琲店黨」）。

圖目錄 N-3

其實，珈琲店原有的經營模式可分為兩類，一是講究高貴格調，以中上階層為對象的東京路線；一是講求薄利多銷，以勞工、白領階級為對象，走情慾享樂的大阪路線。一九二〇年代後至臺灣開設珈琲店的大多為關西資本家，自然也朝向情慾消費的大眾路線發展。因此，除臺北、臺中、高雄等都市外，在港口、礦坑等勞工聚集之處，也能看見珈琲店業繁盛。儘管如此，珈琲店所帶有的摩登標幟，仍舊吸引不少文人雅士上門，其包廂、外包宴會的服務，吸引不少團體、公司利用。甚至有珈琲店為排除情色的負面印象、增加營收，主張在午餐時間推出超值套餐，並由店內女給穿著白色圍裙遞送美味餐點。

逐愛心機

女給與珈琲店間的關係，可勉強說是互利共生。珈琲店依賴女給招攬顧客，女給則需要珈琲店提供工作場所。但女給不僅要負擔每日在衣裝上的支出，在店內的消費，如飲

1 前輩攝影家鄧南光所拍攝正在吧檯邊準備餐點的女給。

2 珈琲店的靈魂人物女給，在當時是摩登的新興職業。

圖目錄 G-2

食、清潔費等也得自掏腰包。為了節省開支，不少女給會將飲食費轉嫁給顧客。例如：當你走進位於文武町新公園內的獅子（ライオン）珈琲店，在料理上桌後，會有約七至八名女給靠近，狼吞虎嚥地吃光桌上料理。若想要飽餐一頓，就必須點上八人份以上的料理，還要看著衣著華麗的女給們如獅子般地大口吃喝，心臟與荷包都要夠強才行。

戀愛遊戲最令人著迷之處，便在於雙方曖昧迷離、欲拒還迎的態度。顧客支付小費，雖能夠吃點豆腐、占個便宜，卻不一定能擄獲美人芳心（以及身體）。當時在「珈琲店黨」之間流傳著「吃女給」的招數，其實與現今的戀愛教戰守策如出一轍。不外乎是甜言蜜語不可無、貼心問候不可少、好色之心不可露、未來藍圖最奏效。有趣的是，除處女外，對珈琲店黨來說，最有挑戰性的便是已婚女給，若能將已婚女給從丈夫手上搶奪過來，其成就感無可匹敵。

相對來說，在女給之間也有一套「接待戰術」，適時地訴苦示弱，挑起顧客英雄救美的保護欲；讓顧客看見自己受歡迎的程度，激起嫉妒與競爭欲望，但女給本身態度要保持中

圖目錄 G-4

立，可私下安撫卻不可偏袒，才能同時保住多位常客。此外，處女要善用自己的貞操名聲招攬顧客，已婚女給則可以釋出夫妻不合的風聲，讓對方覺得有機會趁虛而入。

然而，牽扯到男女情愛，總不免會出現些許情怨糾葛。情殺、強暴、竊取女給貼身衣物，或為博取心儀女給的歡心而偷竊高貴布料作為贈禮之犯罪，時有所聞，流連沉醉於珈琲店導致傾家蕩產、妻離子散的例子也不在少數，不少妻子、母親擔心丈夫、愛兒因此自毀前程，將女給視為妖婦惡魔，批判撻伐。此外，隨著女給索取小費手法的高明幹練，珈琲店也不是過去物超所值、隨興所至的娛樂場所，流行風潮逐漸消退。加上一九三〇年代末期進入戰時體制，不少有識之士出面呼籲民間必須自我克制娛樂活動，珈琲店消費逐漸退燒。一九四〇年殖民政府發布「奢侈禁止令」，在臺北南署管轄區內也下令珈琲店改名；一九四四年宣布高級享樂機關歇業，珈琲店必須停止營業，或轉為飲食店，日治時期珈琲店的風潮也因此畫下句點。

1 2

1 永樂珈琲店以優雅的庭園造景聞名業界。

2 一九三三年在期刊《臺灣實業界》上刊登的漫畫，描繪顧客以享受女給服務、吃點豆腐占些便宜為目的，女給則以賺取顧客小費為目的，雙方各取所需。

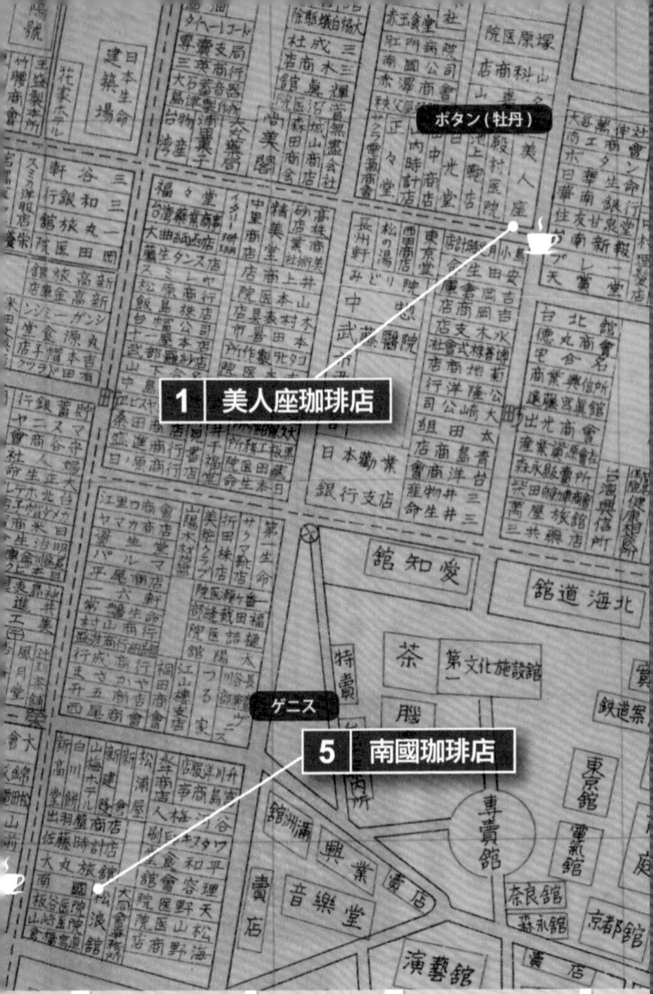

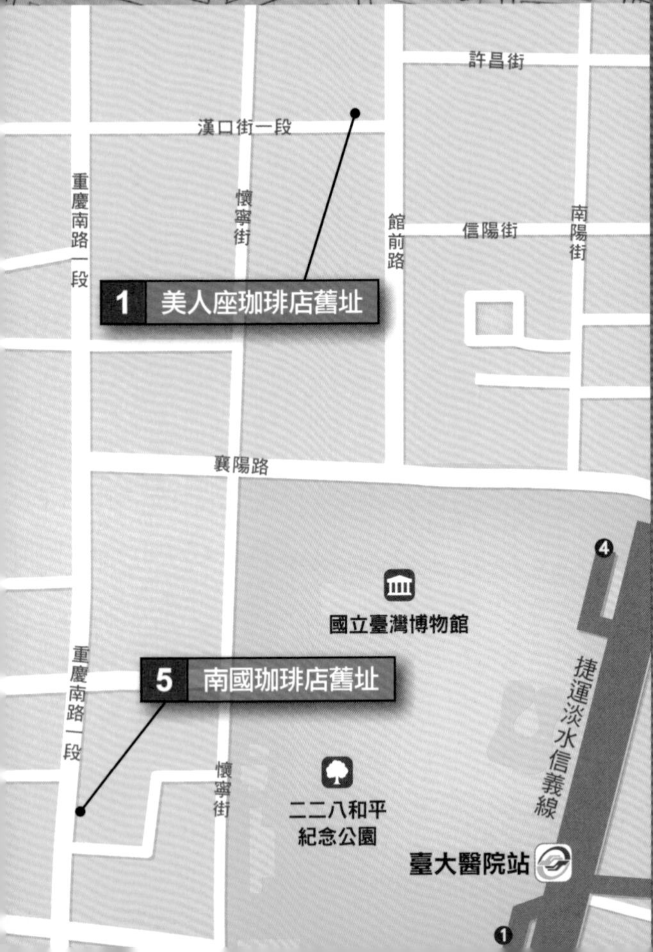

圖目錄 G-2

1 美人座珈琲店

位於表町，臺北車站前的美人座珈琲店。

2 我的巴黎（モンパリー）

風靡一時的「我的巴黎」珈琲店，約在今日秀泰影城的位置。

3 永樂珈琲店

永樂珈琲店約在今日新世界大樓旁，這裡曾是珈琲店的一級戰區。

圖目錄 G-2

昔 1935 臺灣博覽會記念臺北市街圖

一九三〇年代
摩登珈琲店
今昔地圖

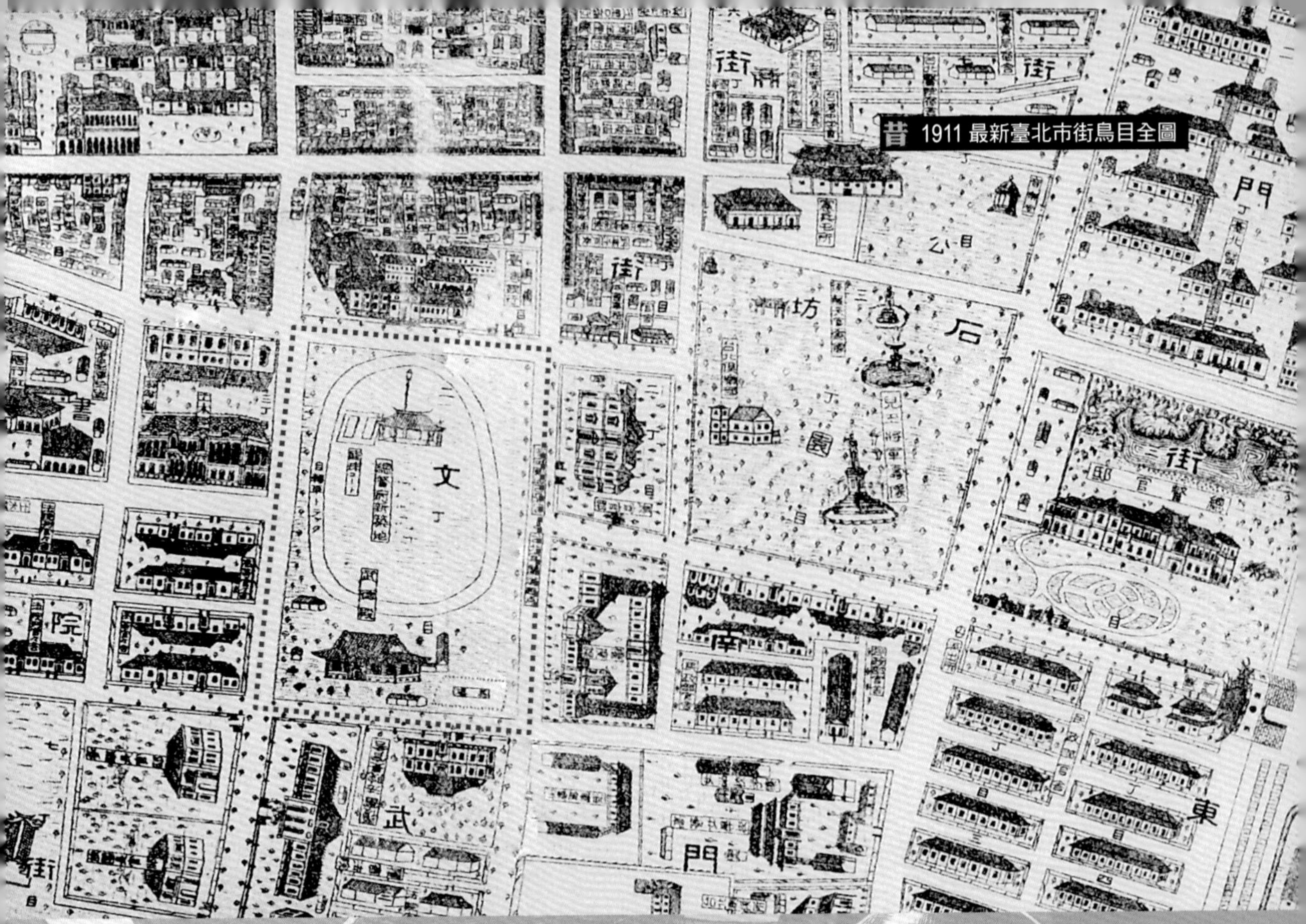

昔 1911 最新臺北市街鳥目全圖

要運動，去臺北

文／陳煒翰

臺北的體育事業

電影《KANO》如此説著：「嘉義農林棒球隊取得一九三一年臺灣代表資格，前進日本甲子園啦！」這支由漢人、原住民、日本人組成的傳奇棒球隊，是第一支濁水溪以南的臺灣高中棒球代表隊。

可曾想過，在此之前的其他年頭，是由誰拿到全島高中棒球比賽的冠軍，代表臺灣出征甲子園的嗎？答案很簡單，是臺北的球隊。

現在普遍認為出色的運動選手來自原鄉，但當時可不同，「運動」這項由西方傳入日本、再由日本人帶入臺灣的新玩意，最初僅流行在日本人，以及少數臺灣人之中，也因為如此，所以日人最多的島都臺北，在當時運動風氣最盛、運動人口最多，也出產全臺體育賽事新紀錄。藉由新式教育的陸續推廣，近代式體育才逐漸拓展至臺灣每一個角落，擴散至更多人的生活當中。

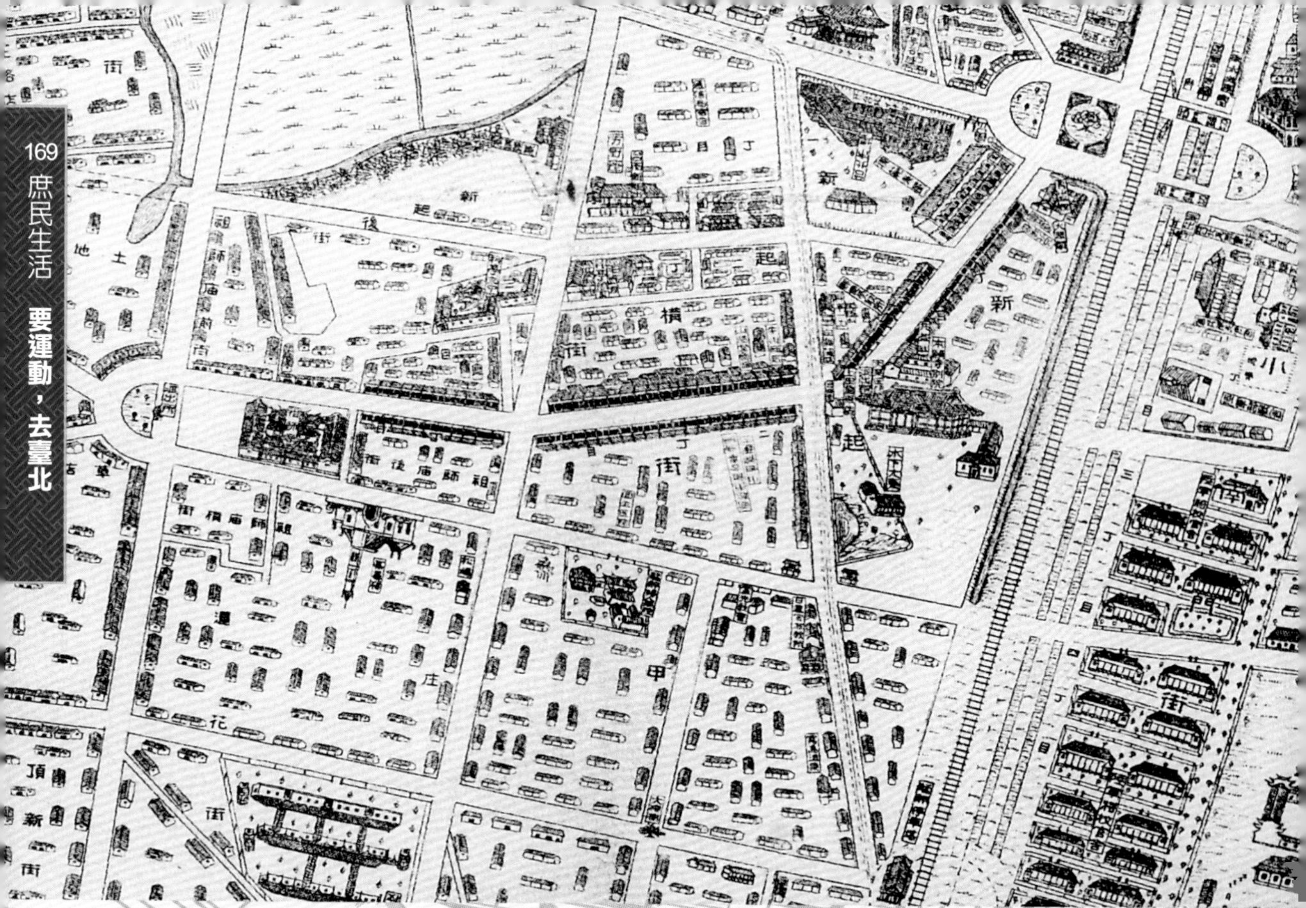

近代運動曙光在臺北

臺北擁有最多運動人口，自然也擁有臺灣第一個重要的大型運動場地──「武德會演武場」。它隸屬於總督府，提供給旨在涵養武德、切磋武藝、發揚國民精神的「大日本武德會臺灣地方委員部」，及所屬之「體育俱樂部」使用。這座臺灣最早的大型運動設施由官民捐款起造，興建於一九〇二年，基地就在今總統府腹地上。除擁有馬場、射箭場等設施外，還陸續興建了網球場、自行車跑道，甚至也可以舉行棒球比賽，是當時最壯觀的多功能運動場。

在運動發展的黎明期，武德會演武場以及體育俱樂部，扮演了相當重要的角色。體育俱樂部雖然不是官方機構，但成員都是上流人士，催生者是當時的警視總長大島久滿次，許多民間人士如三井物產的臺北支店長等，皆有參加，當然，絕大多數都是日本人。帶有一點休閒、一點陶冶身心，甚至一點聯誼性質。體育俱樂部在日本統治初期，於武德會演武場舉辦過許多大小賽事，當中以風靡歐美的自行車運動最盛，民政長官後藤新平夫婦也相當熱衷，一九〇三年十一月，後藤新平在車賽中獲勝，並將所獲獎金悉數捐出，成為一段佳話。

時間來到一九〇五年，自行車運動依然是許多人的最愛，演武場附屬的大型自行車道、步道及自行車練習場也在這一年正式完工，當時規模被稱為「東洋第一」的它，有什麼驚人的特徵呢？周邊有販賣部、酒吧，稀奇嗎？非也，在那個電力不普及的年代，這裡居然有夜間照明！雖然僅供體育俱樂部會員及親友使用，但他們已可以在下班後或假日前往散步、慢跑甚至騎自

1 紅色虛線標出的即為武德會演武場，包含可舉行擊劍、弓術、相撲、柔道的武德殿，附設馬術場、網球場，以及兼作田徑活動的自行車競技場，並裝置了夜間照明燈。

行車，之後可以去一旁的酒肆、食鋪圖個痛快，跟現代人三五好友相約夜騎或夜跑比起來，幾無差異，但那可是一百多年前的臺灣啊！

武德會演武場風光了十年，一九一二年，當局為興建總督府廳舍將其拆除，接棒的是臺北新公園（現二二八和平紀念公園）內的「新公園運動場」。

締造數個「第一」的新公園

新公園運動場建於一九一三年，原本十分簡陋，在有心人士奔走下，一九一九年時進行了改造工程，完工後被稱為「臺北日比谷公園」的新公園，其運動場是臺灣當時最佳的運動場。雖跑道略短，仍舉行過網球、棒球、賽馬、自行車等賽事，可容納三千名觀眾的它，是首屈一指的多功能運動園區。

縱貫日本統治時代熱門運動的兩大山頭，是網球與棒球。臺灣第一支棒球隊是成立於一九〇四年的總督府中學校棒球隊，此後，學生、社會人球隊猶如雨後春筍般增加，尤以臺北為甚。一九一五年「北部棒球協會」成立，在引入日本名師以及統合領導下，臺灣的棒球運動漸有起色，有好一段時間，臺北的球隊成為臺灣棒球運動的先行者。

一九一〇年代熱血球兒們馳騁的場地即是新公園運動場，不只島內大亂鬥，許多對外賽事也在此舉行。例如第一場對日本內地球隊的棒球賽於一九一七年十二月舉辦，由島內明星隊出戰早稻田大學棒球隊，限量千張的門票瞬間一掃而空；一九二一年，美國巡洋艦紐奧良號來臺訪問，其間以球會友，互有攻防，打到延長賽仍難分難捨，吸引萬名觀眾到場，絲毫不輸現在的職棒賽事。

網球在當時則被視為高尚的「紳士運動」，來臺的日籍官員或仕紳中不乏愛好者，臺灣網球運動也逐漸開枝散葉，但跟需要大型場地的棒球不同，網球主要在各機關行號附設的簡易球場中發酵，不過大型賽事仍時會在新公園球場舉辦。一九一五年，臺灣網壇的領頭羊「北部網球協會」成立，協會所舉辦的「北部網球大賽」也從該年開始於新公園開賽。據報導，開賽前看臺就被觀眾坐得水洩不通，足見網球的獨特魅力。

新公園球場在熱門體育活動加持，以及臺灣缺乏好的大型運動場地的客觀條件下，舉辦過多項體育賽事，許多更是臺灣首例，因此在臺灣體育史上，地位特殊。

需求日增

走在現代化前端的臺北，市區內也有不少中小型運動場地，例如舉辦過南北網球大賽的專賣局球場、位於植物園的武德殿（承襲自武德會演武場）以及許多學校的操場等，雖然規模不大、場地狀況也參差不齊，但相較臺灣仍有許多地方處於「運動沙漠」來看，臺北有許多中上層仕紳、日本人，著實撐起了需求，構成良性互動。

新公園運動場獨領風騷的時間不是太長，運動日漸推廣後，由於腹地受限，開始無法滿足大小競技需求，因此一九二三年適逢皇太子來臺視察，當局決定在安排全島聯合運動會的同時，也順便擴建原本的圓山運動場，完工後的場地取代新公園運動場，成為全臺最具規模的運動場，直到更新穎的臺北帝大運動場在一九三一年落成為止。那場嘉義農林打敗常勝軍臺北商業的「臺灣一」之戰，便是在圓山運動場舉行的呢！

1 新公園球場是臺灣當年重要的運動場地，後面即是現在的臺灣博物館。

2 圓山運動場落成後，取代了新公園球場，成為日後重要賽事舉辦地。

3 一九二九年行啟記念運動會舉辦多項競賽，圖為中等學校拔河比賽，隊友在兩旁加油打氣。

4 臺北市東門的市營游泳池，現址為臺北市中正運動中心。

5 圓山運動場後演變為中山足球場、花博爭豔館。

圖目錄 A

煉獄，一九四五

大事件

臺北大空襲

文／郭怡棻

一九四五年五月卅一日星期四，當天臺北晴空朗朗，早上八點的太陽熱力十足，曬得行人汗流浹背，紛紛加快步伐，或躲進亭仔腳裡行走。這時，有四架美國P—38戰鬥機在上空盤旋，沒多久就消失無蹤，為晴朗的一天投下幾縷陰影。當解除警報的鐘聲響起，緊張凝滯的氣氛頓時鬆弛下來，街道上慢慢開始有人車來往。

兩個小時後，成群的B—24轟炸機出現在內湖、圓山方向，金屬機身被初夏的太陽照得閃閃發光，以三架一組的編制，集體朝臺北城區飛來。飛機越飛越低，螺旋槳聲轟隆轟隆作響，隸屬美國第五航空隊的百餘架轟炸機，低空輪番攻擊臺北的官廳建築，及鄰近地區的軍事設備。

撼天動地

家住新莊的作家鄭清文，當時就讀私立臺北國民中學校（今大同高中），那天學校因空襲警報停課，而與同學從臺北走回家，半路上遇到飛機襲擊，急忙躲避在縱貫路旁的小洞。當飛機開始投彈，他說：「我們可以看到炸彈像下雨一般的掉下來。然後就是一陣陣的閃光和聲響，大地搖撼起來了。」

搖撼之中，如雨一般襲擊臺北的炸彈有大小兩種：大型炸彈是裝著黏膠狀易燃物的「燒夷彈」，爆炸後附著於建築物和人體，滅火相當困難；小型炸彈是在地面以水平方向炸開的「瞬發彈」，爆裂後會產生大量的鋼碎片，殺傷力極強。

從上午十點到下午一點，美軍對臺北實施密集轟炸，三千八百顆炸彈接連攻擊，讓臺灣總督府 3 周邊繁華的商業街區建築頹毀，鄰近官廳公署如總務長官官舍 5 、度量衡所、臺灣電力株式會社、總督府圖書館 2 、鐵道旅館 4 等建築全毀，臺灣銀行、臺北法院、臺北帝大醫學部附屬醫院，也都遭到攻擊毀損。松山機場、砲兵部隊、臺灣軍司令部等軍事、交通設施亦被炸損。全臺北死傷人數超過三千人。

「臺北那邊有很多地方在冒煙。總督府的火焰不但沒有熄滅，反而越燒越熾烈，有很多人在淡水河邊觀看，因為有淡水河，從新莊到臺北完全沒有遮蔽物，可以看到臺北的全景。到了黃昏，總督府還在燃燒，整個天空都變成鮮紅了，那火焰一直燒到入夜以後。」鄭清文描述他從新莊眺望臺北的情形。當天的轟炸，是臺北歷次所遭空襲中最嚴重的一次，城市的政治、經濟、交通機能受損失靈。尤其是作為日本殖民統治象徵的總督府，也在大空襲中遭到攻擊，起火燃燒，火焰照亮了大停電的臺北夜空，滾滾濃煙直竄天際，使陰曆二十日夜半才升起的下弦月也為之黯淡。這幅巨大哀戚的景象，深深留在劫後餘生者的記憶中。

瞄準政經中樞

大空襲隔日，擔任律師的吳鴻麒不放心事務所狀況，前往查看，返家後在當天的日記本寫下：「在北時往觀空襲景況，其慘狀如此慘酷，實非筆舌能盡其詳，事務所屋頂亦破毀數處，電火、電話、水道皆不通，在北既難生活矣。」

事實上，即使過了三個月，被戰火蹂躪的臺北依舊殘破不堪。臺灣史學者王世慶當時在宜蘭擔任學徒兵，八月下旬戰爭結束後返回臺北，當他傍晚從火車站步行回北師（今臺北市立教育大學）宿舍時，「路經表町（館前路）、本町（重慶南路）、榮町（衡陽路），一路上樓房店鋪多被燒夷彈炸燬，沒有屋頂、亭仔腳，有些飲食露店在做生意。街路無電燈一片漆黑，總督府及臺灣銀行的一部分，被五百公斤及一噸的巨型炸彈炸燬。總督府前的總務長官官舍及度量衡製作所，亦被炸得殘破不堪。」

昔日車水馬龍，商店與官廳林立的「城內」地區，在空襲過後一片斷垣殘壁，坑洞碎瓦遍布。相較之下，臺灣人聚集的萬華、大稻埕、大龍峒等地，似乎幸運許多，僅有少數災情傳出。事實上，從中研院GIS專題中心所提供的美軍解密檔案和航照來看，美國在大舉空襲前，已多次派遣飛機到臺灣偵查「敵情」，全面掌握臺北的政府機構、軍事據點及經濟交通設施情報，此次攻擊日人集中的市街，完全是「有備而來」。

大空襲之後直到七月中旬，美國軍機仍不時轟炸臺北，八月十五日昭和天皇以「玉音放送」宣布日本投降，疏散到鄉間的人們陸續返家，在負傷的島都裡開始漫長艱辛的重建之路。

1 大空襲當日，美軍完成轟炸任務所拍攝的航空照片，圖下方冒黑煙者為中彈的臺灣總督府，圖左位於火車站前方的鐵道旅館也受到攻擊陷入火海。

圖目錄 D-5

2 臺灣總督府圖書館

鄰近總督府與臺灣電力株式會社的臺灣總督府圖書館，在臺北大空襲時炸燬，幸好重要的館藏書籍資料多數已經運到市郊存放，不過仍有許多圖書焚毀於戰火，現址為博愛大樓。

1 天主教會堂

一九一四年落成，通稱蓬萊町大聖堂，於臺北大空襲中炸燬，現址為一九六一年重建的「聖母無原罪主教座堂」。

圖目錄 D-3

i=5956059

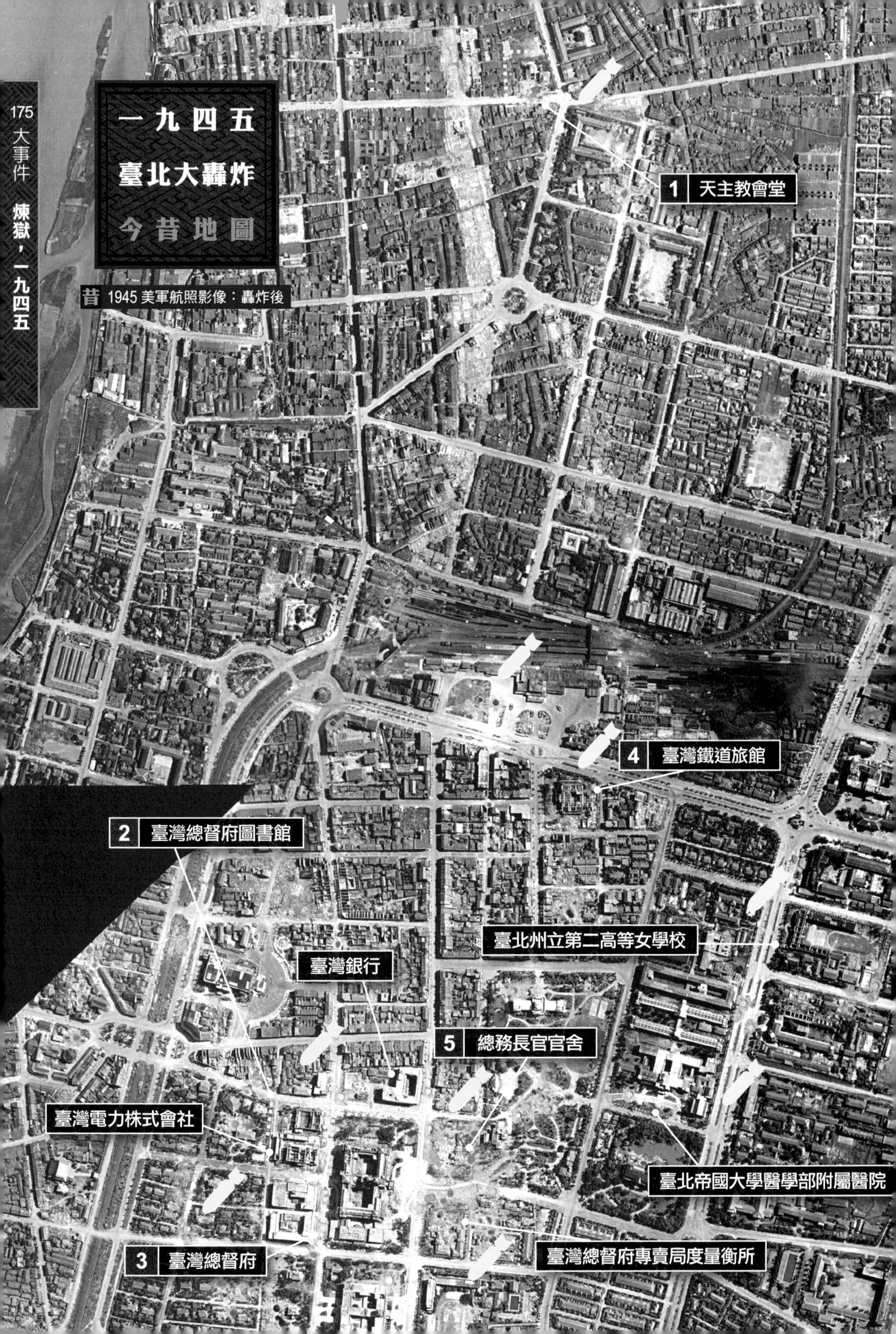
一九四五
臺北大轟炸
今昔地圖
昔 1945 美軍航照影像：轟炸後
1 天主教會堂
4 臺灣鐵道旅館
2 臺灣總督府圖書館
臺北州立第二高等女學校
臺灣銀行
5 總務長官官舍
臺灣電力株式會社
臺北帝國大學醫學部附屬醫院
3 臺灣總督府
臺灣總督府專賣局度量衡所

時空切片連結

專訪

中央研究院
人文社會科學研究中心
地理資訊科學研究專題中心
廖泫銘 研究助技師

本書以新舊地圖與照片對照，佐以各家專業人士書寫的文章與豐富資訊，介紹曾在臺北上演的精彩故事，務令觀者瞬時穿越時空，從紙上回到過去；若再搭配「臺北歷史地圖」行動裝置APP，使用者可實地漫步街頭，走訪那些其實不曾遠離的過往。而在此間，各式目的、各種年代的地圖，是重要的樞紐角色。除呈現過去街廓的脈絡，若從不同主題切入，更多隱藏其中的訊息便會現身。這些珍貴地圖背後的祕密，將由專家「中央研究院 人文社會科學研究中心與地理資訊科學研究專題中心」研究助技師廖泫銘先生，一一道來。

當初建置《臺灣百年歷史地圖》網站的契機，以及它最獨到之處是什麼？

最早，數位典藏計畫的執行內容，是蒐集藏品、並以數位化方式保存，而「地理資訊科學研究專題中心」收藏數位化主要內容標的是地圖與航空照片，地理範圍包括臺灣與中國大陸。近幾年來，數位典藏亦求轉型，著重數位人文與加值應用，因此，我們開發出《臺灣百年歷史地圖》和《臺北市百年歷史地圖》，主要目的在展現典藏成果在人文方面的價值，另外，這些地圖的應用面向也十分廣泛。

它們的特點在結合「地理資訊系統（Geographic Information System，簡稱GIS）」應用，帶入資訊成分，將這些原本單獨存在的地圖，整體性地結合起來。這是什麼意思呢？簡單來說，這些地圖因為測繪機關與時代等因素，比例尺、投影或座標系統都不相同，互相對照使用起來十分困難，我們利用GIS技術將它們統一，讓老地圖和現在地圖，以及不同年代地圖間都能彼此相互比對，也就是所謂「貫時性」的地理資訊、地理圖資。這，就是《臺灣百年歷史地圖》的獨特之處。

我們從近三十萬件地圖類典藏品當中挑出數百張，搭建系統，這些地圖可以呈現一個縣市，也可更細緻，縮小到一個區、一個里、一個學校、一個社區。其上的地理資訊，除本身的價值外，更能協助整合其他數位典藏，我們能夠以地圖為基礎，往上疊加，讓地圖和其他典藏對話，作為不同材料間的橫向橋樑，如影音、照片、文字、檔案、新聞等等，都可以透過資料庫連結或鏈結資料（Linked Data）等方式串連起來，讓各式資訊在時空資訊整合平臺上立體呈現，讓老地圖為現在的我們道出更多訊息。

在本書編輯的過程中，我們發現不同年代的地圖，比例尺和方位都有差異，實際上，你們是如何套疊這些彼此有所差異的地圖的呢？

首先，我們挑選近一百五十年、約一八九五年後的地圖。愈早的地圖精確度愈差，反之則愈準，但都無礙於讓它們和現代對話，因為城市有其時間脈絡，如：臺北的城牆、主要市街就是一

廖泫銘 研究助技師

脈相傳的。今日所見的臺北、臺南等城市，是許多不同時期的累加，像往上疊似的，而地圖，就是每個時期的紀錄切片。

整個城市並非等步發展，信義區可能非常先進，接軌世界；有些地方則不變，如臺北市萬華區、大稻埕一帶，空間的改變很困難，街區輪廓是固定的。我們就利用這些沒有變的地區作為控制，把早期地圖和現在地景套疊在一起，當然，誤差在所難免，但都在容許範圍內，對於認識地方文史和鄉土，條件早已足夠。

有些事情要看得到、觀察得到，才會有感覺。除非在當地生活許久，否則，地圖也不過就是幅有趣的畫而已。我們提供的方法和技術，很輕易地就能把老地圖疊架在現今地圖上，由於人身處在現在這個時空、這塊土地上，這樣疊加起來，老地圖跟人的情感、理解和認知，便產生關聯，地圖於我們，就有了意義。例如，年輕世代鮮少知道「下塔悠」、「上塔悠」這些舊地名，即使現實中有下塔悠公園、塔悠路，但這連結已隨時空更迭，變得非常不直觀；如果把它和現代地圖套疊在一起，這些舊地名就直接指向今日的大直、松山機場一帶，一望即知。已經存在許久的老地圖，直到數位化、網路及GIS等技術出現，讓這樣的連結成為可能，這也是臺北歷史地圖APP之所以受歡迎的原因。

這些關鍵技術，又如何進一步讓老地圖活出新生命呢？

這些地圖就算通通免費贈送，這麼大一張，怎麼帶？怎麼看？怎麼疊？就算有應用概念，也因為方法麻煩而很難辦到。拿《臺灣堡圖》來說吧，整套四百多幅A2尺寸大小地圖，如果拼起來，比學校運動場還大；一冊九千塊，誰負擔得起？所以在過去，地圖都是政府或研究機關使用。但碰到數位化技術後，就強大起來，沒有物理空間的限制，以前需要好幾個房間收藏的地圖，現在可以放在一顆硬碟裡，任意伸縮、沒有儲存空間問題、毋須印刷成本，這對地圖學發展，很具革命性，是前人做不到的。數位化讓儲存、流通與利用的成本大為降低，現在，任何人都可以經由這個地圖系統，來認識自己的鄉土。

地圖極大的特點在於：跟地理、空間有關，直接呈現一個地方的資訊。只要談到社區、鄉土或本土，也就是所謂「土地」時，地理，就是「土地」的敘述和保存的資訊，它是直接相關的材料，可能比文獻更加直觀，因為它講述的，就是這個地方。所以我們的地圖系統，能與社區發展、社區營造結合利用。而地圖產生當時有其目的，如：水文圖、地形圖，但隨時間改變，它的價值與服務對象會改變，除原先的功能外，還可以用不同眼光切入，衍生出更多想像。

有過什麼實際上的應用，給您留下印象深刻呢？

近十年，臺灣的社區營造十分成功，臺北市各區有社區大學，許多縣市鄉鎮裡也發展出各文史社群。如：受大安區公所補助的該區社區大學，想復原瑠公圳的圳路，透過口述記錄得到的記憶都很片段；但利用我們提供的圖資工具，很容易就能恢復圳路系統，得知以前瑠公圳現今的位置。透過這樣的復原，把舊圳路和今地貌套在一起，進行社區發展。他們舉辦了「走讀大安區」活動，走路休閒、騎腳踏車，加入在地元素如瑠公圳、老書店等景觀，將這些點串起來，配合解說，產生出故事性，讓大家能深入了解；甚至創造出新的地圖，更美觀、更符合現在的需要，以文化、歷史、鄉土的面向，轉化這條圳路。

另外，拿商品包裝來說，以臺北市現今的繁華，很難想像它以前是農田，要連結這個想像，圖像是最方便的。有廠商把食品禮盒做成穀倉的樣子，以表示古亭以前是穀倉，禮盒外包裝印刷地圖，上面有老地名，還有當時布滿水圳農田的樣貌，這是透過包裝將觀念連結。又好比茶葉，臺灣茶很早以前就風靡國際，如果運用老地圖作茶葉包裝，頓時充滿歷史感，風格本身便已傳達了這件事，這樣的圖像行銷方式是很直觀的。去國外旅遊時，我們想知道城市間的差異性，而地圖，就是在表現這樣的在地化，展示當地訊息。我相信，地圖在旅遊、觀光、文創方面，一定有許多趣味可以發揮。

能為GIS使用或可以精確套疊的地圖，其前提是實測，是精準科學測量的成果；它也是人繪製的，是一種美學創造；又跟在地結合，所以是一種文化。地圖並非單一的，它具備許多面向，不同的人去看待或使用，就能得到不同的收穫。文字檔案有時偏向歷史考證，較難生出美感；素描寫生的確跟當下地方有關聯，美麗卻不精確，不易以之論述環境變遷。在這些媒介當中，地圖相對多元且包容。目前，地圖的這些應用都還只在初步，我們相信，它們年歲增加，未來潛力卻也無窮。

更多資訊！請上：「臺灣百年歷史地圖」網站

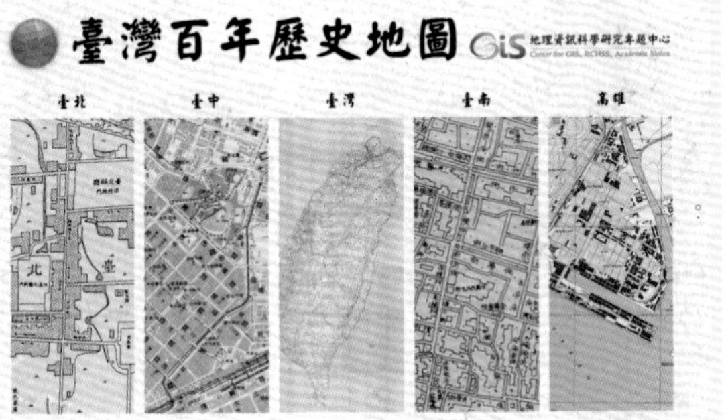

http://gissrv4.sinica.edu.tw/gis/twhgis/

圖目錄

A 中央研究院人文社會科學研究中心地理資訊科學研究專題中心

B 中央研究院民族學研究所數位典藏提供

C 中央研究院臺灣史研究所檔案館典藏

C—1 三好德三郎文書
C—2 高慈美文書
C—3 費邁克集藏
C—4 臺灣總督府專賣局公文類纂
C—5 山崎鋆一郎（昭和13年[1938]）《臺灣の風光》
C—6 名倉喜作編纂（昭和14年[1939]）《臺灣銀行四十年誌》
C—7 作者不詳（大正3年[1914]）《臺湾に於ける鐵筋混凝土構造物寫真帖》
C—8 東亞旅行社編（昭和16年[1941]）《臺灣風景》
C—9 青木文一郎、田中亮（昭和16年[1941]）《臺灣產鼠類の圖說》
C—10 高木正信（昭和3年[1928]）《新竹大觀》
C—11 臺灣技術協會（昭和15年[1940]）《臺灣技術協會誌》第三輯第六號
C—12 臺灣建築會編（昭和4年[1929]）《臺灣建築會誌》第一輯第二號
C—13 臺灣建築會編（昭和6年[1931]）《臺灣建築會誌》第三輯第三號
C—14 臺灣建築會編（昭和8年[1933]）《臺灣建築會誌》第五輯第四號
C—15 臺灣建築會編（昭和8年[1933]）《臺灣建築會誌》第五輯第六號
C—16 臺灣博物館協會（昭和12[1937]）《科學の臺灣》
C—17 臺灣寫真會（大正3年[1914]）《臺灣寫真帖》第壹集
C—18 臺灣寫真會（大正4年[1915]）《臺灣寫真帖》第貳卷第壹集
C—19 臺灣總督府編（大正5年[1916]）《共進會記念臺灣寫真帖》
C—20 臺灣總督府民政部編（大正4年[1915]）《記念臺灣寫真帖》
C—21 臺灣總督府民政部土木局編（大正7年[1918]）《臺灣水道誌》
C—22 臺灣總督府官房文書課編（明治41年[1908]）《臺灣寫真帖》
C—23 臺灣總督府專賣局（昭和11年[1936]）《臺灣の專賣事業》昭和十一年版
C—24 臺灣總督府專賣局（昭和16年[1941]）《臺灣の專賣事業》昭和十六年版
C—25 臺灣總督府警務局衛生課編（昭和6年[1931]）《臺灣阿片癮者の矯正》

D 夏門攝影企劃研究室

D—1 李火增
D—2 李釣綸
D—3 張才
D—4 張阿祥
D—5 鄧南光

E 淡江大學體育事務處

F 國立臺南大學數位學習科技學系

G 國立臺灣大學圖書館

G—1 太田猛（昭和10年[1935]）《臺灣大觀》
G—2 南國寫真大觀社（昭和6年[1931]）《臺北市大觀》
G—3 臺北市衛生課（昭和13年[1938]）《臺北市衛生施設要覽》
G—4 臺灣實業界社（昭和8年[1933]）《臺灣實業界》五年五號
G—5 臺灣總督府（大正3年[1914]）《臺灣統計要覽》

H 國立臺灣師範大學

I 國立臺灣圖書館

I—1 実業之臺湾社（大正12年[1923]）《皇太子殿下台湾行啓記念光栄ありし日》
I—2 橋本白水（昭和6年[1931]）《船越倉吉翁小傳》
I—3 臺灣總督府（昭和3年[1928]）《久邇宮朝融王殿下御渡台紀念寫真帖》
I—4 臺灣總督府（大正3年[1914]）《臺灣統計要覽》

J 國家圖書館

K 蔣渭水文化基金會

L 陳勇雄先生提供—陳振芳作品集

M 曾令毅先生提供

N 其他

N—1 小野郁（大正12年[1923]）《臺北在營記念寫眞帖》
N—2 山本三生編（昭和5年[1930]）《日本地理大系 臺灣篇》第十一卷
N—3 今井廉編（昭和7年[1932]）《カフェー時代》
N—4 石原幸作（昭和3年[1928]）《臺灣日日三十年史》
N—5 國勢新聞社（昭和11年[1936]）《臺灣新聞總覽》昭和十一年版
N—6 鹿又光雄編（昭和14年[1939]）《始政四十周年記念臺灣博覽會誌》
N—7 勝山吉作編（昭和6年[1931]）《臺灣紹介最新寫眞集》
N—8 臺北州警務部（大正15年[1926]）《臺北州警察衛生展覽會寫真帖》
N—9 臺灣日日新報社（明治35年[1902]）《臺灣日日新報》五月二十二日第六版
N—10 臺灣日日新報社（明治41年[1908]）《臺灣日日新報》十一月十八日第六版
N—11 臺灣日日新報社（大正9年[1920]）《臺灣日日新報》十一月十五日第四版
N—12 臺灣日日新報社（大正10年[1921]）《臺灣日日新報》十一月十八日第七版
N—13 臺灣日日新報社（大正13年[1924]）《臺灣日日新報》三月一日第七版
N—14 臺灣日日新報社（昭和5年[1930]）《臺灣日日新報》四月二十日第四版
N—15 臺灣民報（大正15年[1926]）《臺灣民報》第一一三號
N—16 臺灣民報（昭和2年[1927]）《臺灣民報》第一三八號
N—17 臺灣博覽會協贊會編（昭和14年[1939]）《始政四十周年紀念臺灣博覽會協贊會誌》
N—18 臺灣博覽會協贊會編（昭和14年[1939]）《始政四十周年記念臺灣博覽會畫帖》
N—19 臺灣博覽會編（昭和11年[1936]）《始政四十周年記念臺灣博覽會寫真帖》
N—20 臺灣寫眞會（大正4年[1915]）《臺灣寫眞帖》第一卷第八集
N—21 James W. Davidson（1903年）《The Island of Formosa Past and Present》

參考書目網站

又吉盛清著、魏廷朝譯（1997）。臺灣今昔之旅 臺北篇。臺北市：前衛出版社。

王國璠主修、陳三井總纂（1981-1983）。臺北市發展史。臺北市：臺北市文獻委員會。

王詩琅著、張良澤編（2003）。艋舺歲時記：臺灣風土民俗。臺北市：海峽學術。

李如菁（2012）。數位典藏觀察室：漫談台灣公用電話百年發展。

林萬億（2006）。臺灣全志：卷九 社會志 社會福利篇。南投市：國史館臺灣文獻館。

林滿紅（1997）。茶、糖、樟腦業與臺灣之社會經濟變遷。臺北市：聯經出版事業公司。

柯佳文（2005）。日治時期官方對廣播媒體的運用（1928-1945）。淡江大學歷史學系碩士論文。

范燕秋（1994）。日據前期臺灣之公共衛生：以防疫為中心之研究（1895-1920）。臺北市：臺灣師範大歷史研究所。

泉風浪（1936）。新聞人生活二十有五年。臺北市：南瀛新報社。

徐茂炫等撰文（2010）。臺灣廿三縣市日治時期人口統計之建立 1897-1943。人口學刊。第 40 期：157-202。

徐國章（2011）。臺灣產婆、助產婦制度之建立。臺灣文獻館電子報第 72 期。

徐逸鴻（2011）。圖說清代台北城。臺北市：貓頭鷹出版、家庭傳媒城邦分公司發行。

徐逸鴻（2013）。圖說日治台北城。臺北市：貓頭鷹出版、家庭傳媒城邦分公司發行。

翁誌聰主編（2010）。臺北市設市 90 週年專刊。臺北市：臺北市文獻委員會。

鹿又光雄編（1939）。始政四十周年記念臺灣博覽會誌。臺北市：始政四十周年記念臺灣博覽會。

陳惠雯（1999）。大稻埕查某人地圖。臺北市：博揚文化事業有限公司。

陳靜寬（2011）。由私到公的城市空間 城市的光與影。國立臺灣歷史博物館。觀 ・ 臺灣：第八期。

張樞等撰文（2013）。臺北原來如此。臺北市：臺北市都市更新處。

陶德著、陳政三譯著（2007）。泡茶走西仔反－清法戰爭台灣外記。臺北市：台灣書房。

國勢新聞社（1936）。臺灣新聞總覽 昭和十一年版。臺北市：國勢新聞研究所臺灣支社。

莊永明（1998）。臺灣醫療史：以臺大醫院為主軸。臺北市：遠流。

莊永明（2012）。臺北老街。臺北市：時報文化。

黃武達編撰（2000）。追尋都市史之足跡：臺北「近代都市」之構成。臺北市：臺北市文獻委員會。

臺北シネマリーグ（1932-1938）。映画生活。臺北市：臺北シネマリーグ。

臺北市日日春關懷互助協會編（2002）。與娼同行，翻牆越界：公娼抗爭運動文集。臺北市：巨流。

臺灣日日新報（1932 年 11 月 6 日）。少女產婆，十六歳で試験に合格。

臺灣博覽會協贊會編（1939）。始政四十週年記念臺灣博覽會協贊會誌。臺北市：臺灣經世新報社。

臺灣博覽會編（1936）。始政四十周年記念臺灣博覽會寫真帖。臺北市：始政四十周年記念臺灣博覽會。

臺灣總督府文教局社會課編（1928）。臺灣に於ける支那演劇及臺灣演劇調。臺北市：臺灣總督府文教局。

臺灣藝術新報社（1935-1939）。臺灣藝術新報。臺北市：臺灣藝術新報社。

劉翠溶、劉士永（1992）。淨水之供給與污水之排放－臺灣聚落環境史研究之一。經濟論文。第 20 卷第 2 期：459-504。

謝英宗（2007）。古籍中的康熙臺北湖。地質。第 26 卷第 2 期：72-77。

戴寶村（2007）。移民臺灣：臺灣移民歷史的考察。臺灣月刊雙月電子報。96 年 8 月號。

薛化元主編（2012）。近代化與殖民：日治臺灣社會史研究文集。臺北市：臺灣大學出版中心。

本書使用地圖

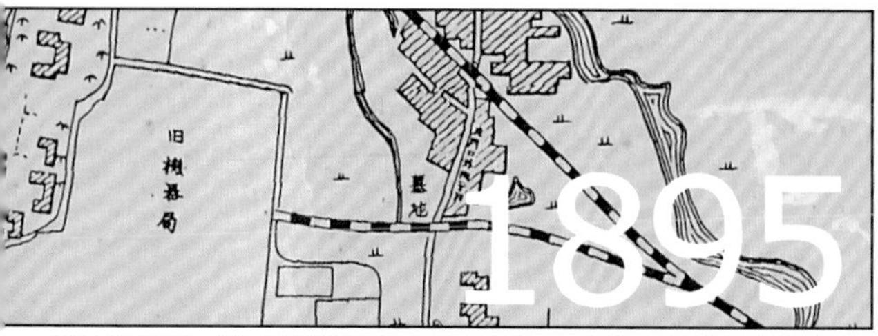

1895 臺北及大稻埕艋舺略圖／最初的三市街 — 艋舺、大稻埕、臺北城。

1897 臺北大稻埕艋舺平面圖／包含臺北水池河渠分布概況。

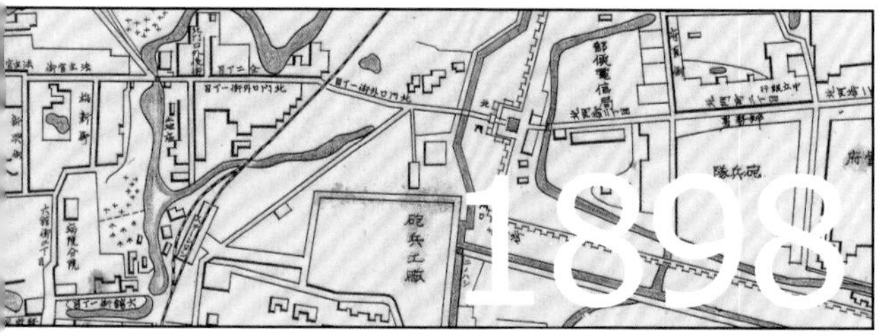

1898 臺北市街全圖／城內的官署營舍。

1911 最新臺北市街鳥目全圖／立體手繪城區建築。

1922 改正町名臺北市街圖／市區改正新畫區域與街道。

1930 臺北市地圖／廿世紀前期城市向東發展狀況。

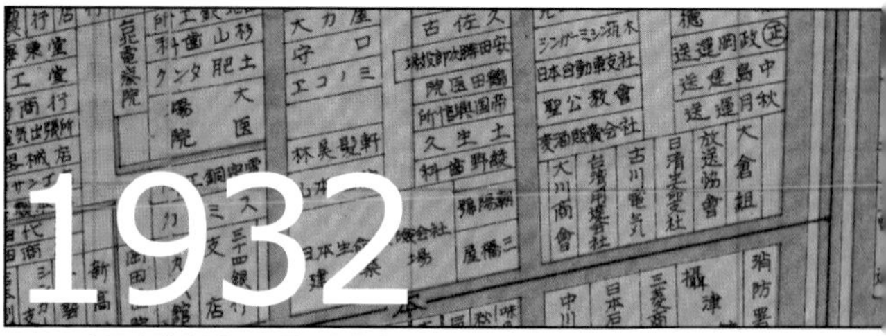

1932 大日本職業別明細圖：臺北市／工商行號羅列一目瞭然。

1935 臺灣博覽會記念臺北市街圖／臺灣博覽會場館分布位置。

1939 臺北市區計畫街路並公園圖／街區擴展規畫與公園預留地。

1940 臺北市圖／鐵路軌道運輸與公共汽車路線。

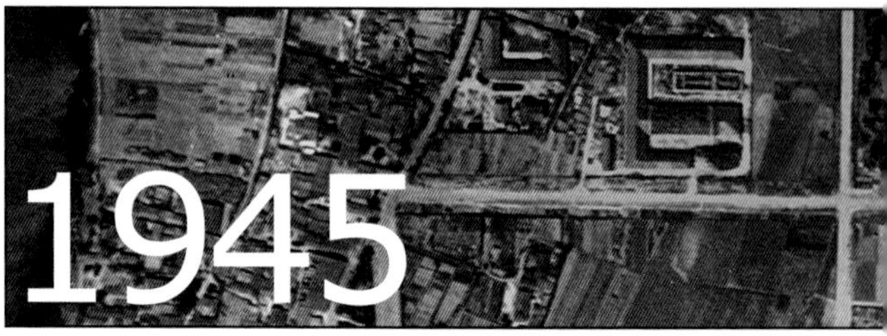

1945 美軍航照影像（4 月）／美軍偵察機從空中拍攝的市區。

1945 美軍航照影像（6 月）／美軍轟炸後的戰果評估記錄。

漫遊，老臺南
臺南歷史地圖
免費下載
中、英、日文版
同時發行中
Download on the App Store
ANDROID APP@ Google play

畫，這裡的故事！
Creative Comic Collection
創作集
71位創作者、三百篇故事、發行十萬冊
重新詮釋屬於我們的精采故事！
日本文化廳媒體藝術祭
文化部金漫獎
文化部中小學生優良課外讀物
全二十期，網路與全國各大書店均售。
蓋亞文化

國家圖書館出版品預行編目(CIP)資料

臺北歷史地圖散步 / 中研院數位文化中心 . -- 初版 . --
臺北市：中研院數位文化中心出版：臺灣東販發行，
2016.09　面；　公分
ISBN 978-986-04-9399-3(平裝)
1. 旅遊 2. 歷史地圖 3. 臺北市

733.9/101.6　　105013729

臺北歷史地圖散步

2016 年 9 月 1 日初版第一刷發行
2020 年 12 月 20 日初版第八刷發行

製作／出版　中央研究院數位文化中心

召集人／林富士

企劃美編／黃冠華
主編／温淳雅
編輯／賴國峰、蔡舒婷、江仁傑、劉華珍
特約編輯／張曉彤
特約撰稿／陳煒翰、郭怡棻、陳玉箴、鄭麗榕、廖怡錚、張家珩（依目錄順序）
現代地圖繪製／蔣文欣
顧問協力／王麗蕉、廖泫銘

執行／科技部　臺灣數位成果永續維運計畫　成果平臺維運計畫
計畫主持人／謝國興、劉士永、王新民、陳克健、莊庭瑞

圖資／中央研究院　人文社會科學研究中心　地理資訊科學研究專題中心

地址／ 11529 臺北市南港區研究院路二段 128 號
電話／ (02)2652-1885
傳真／ (02)2652-1882
網址／ http://digitalarchives.tw

發行　台灣東販股份有限公司

發行人／南部裕
編輯／楊瑞琳
地址／台北市南京東路 4 段 130 號 2 樓之 1
電話／ (02)2577-8878
傳真／ (02)2577-8896
網址／ http://www.tohan.com.tw
郵撥帳號／ 1405049-4
法律顧問／蕭雄淋 律師

總經銷／聯合發行股份有限公司
電話／ (02)2917-8022

ISBN 978-986-04-9399-3

Printed in Taiwan